和祭巡礼画報

イラストで見る日本の祭りと伝統行事

北海道・東北 編

イカロス出版

もくじ

和祭巡礼画報

イラストで見る日本の祭りと伝統行事

本書で紹介している祭りや伝統行事、習俗、民俗芸能等の由来や変遷には諸説あり、史料に拠っては本書の記述と異なる場合があります。ご了承ください。

はじめに

日本の民俗学の巨人、柳田國男《くにお》の言葉にこんなものがあります。

「年中行事という言葉は、千年も前から日本には行われているが、永い間には少しずつ、その心持がかわり、また私たちの知りたいと思うこともちがって来た。この点に最初から注意をしてかかると、話の面白みはいちだんと加わるのみならず、人とその生活を理解する力が、これによって次第に養われるであろう」（柳田國男『年中行事覚書』より）

南北約3,000kmという長大な国土のなかに多様な自然環境を持ち、四季折々の彩り豊かな姿を見せてくれる我が国 日本は、それゆえに古来より無数の天災にさいなまれてきた土地でもあります。

厳しい気候風土のなかで昨日より今日を、今日より明日を幸せに生きるために、人々は祭祀という形で神仏に祈りを捧げ、それは年中行事となって日々の生活に根ざしていき、やがて世界でも類を見ないほど多彩な「日本の祭り」の文化が花開いていったのです。

時代が近現代へと下るにつれて、日進月歩で発達していく科学技術は少しずつ自然へあらがう力を人々に与え、一方で、日々をつつがなく暮らしていくための祈りというお祭り本来の意義は次第に影をひそめていきます。

代わって新たにお祭りへ求められたものは、地域の住民の絆を確かめ合う機会であること、それに古くから伝えられてきたお祭りでその地域の個性や魅力を紹介するプロモーションとしての意義でした。

日々の安寧を求める祭祀《さいし》から、地域の特色を発信する催事《さいじ》へ。

お祭りというものの意義がドラスティックに変化していくなかで、人々は各地のお祭りを通して、その地域の文化や習俗がいかなるものなのかを学び知ることができるようになったのです。

それは、我々が暮らしているこの「日本」という曖昧《あいまい》な存在を、より形あるものとして自らの中に再定義していくことといえるのかもしれません。

数十万の観客を集める街を挙げての大きなものから、隣近所の数軒だけで催される小さなものまで、日本にはじつに様々なお祭りや伝統行事があります。

それらは古くから地域の人々に受け継がれてきた文化習俗を、時に絢爛《けんらん》に、時に面妖に、時に滑稽《こっけい》に、訪れた我々へと伝えてくれることでしょう。

是非この本を片手に、各地のお祭りや伝統行事へ出かけてみてください。

きっとそれは、皆さんも知らなかった「日本」の本当の魅力を見つけ出せる旅となるはずです。

『和祭巡礼画報』企画原案

有馬桓次郎

第一章
北海道

ローソクもらい（道南〜道央の各都市）

文／有馬桓次郎
イラスト／海産物

ハロウィンと似た風習 その起源は「ねぶた」

夏の北海道。

　七夕の日の夕方から夜にかけて、浴衣姿の子供たちが家々を巡り歩く「ローソクもらい」という年中行事が、道内の幾つかの地域で今も行われている。

7月7日に行われている函館の「ローソクもらい」の様子（写真提供：函館新聞社）

「ローソク出せ出せよ
出さないとかっちゃく
ぞ　おまけに噛みつく
ぞ」

　そんな囃子《はやし》を唄いながら、子供たちは明かりを手に町内を練り歩き、目についた家の門戸を叩く。そして子供達たちを玄関先に迎え入れた住人は、彼らにお菓子や小銭を包んだ大入袋を渡すという。その様子も雰囲気もハロウィンと同様の風習である。

　全国的には知られていない年中行事だが、この地域で育った人間なら誰もが懐かしく思い出す夏の風物詩といえるだろう。

　ローソクもらいの風習は、その起源を「ねぶた」に求めることが現在の定説となっている。もともと北海道は本州の津軽地方と文化的に密接な関係があり、かつては道南を中心として本州と同様のねぶた祭りが七夕の年中行事として行われていた。

　古くは江戸時代後期の文人 平尾《ひらお》魯《ろ》仙《せん》が、安政2年（1855年）に道南地方を巡った際の道中記『松前紀行』において、箱館の街中で行われるねぶた祭りの様子を記している。

　その記述によれば、箱館のねぶたは竹と紙を使って虎や象を象《かたど》った4m四方の山車《だし》灯籠《どうろう》で、内部には100本を超える蝋燭《ろうそく》が仕込まれた豪華なつくりであったという。

　また、同じく安政年間の箱館の風物を記した『箱館《はこだて》風俗書《ふうぞくがき》』には、五色の短冊を結びつけた笹の枝と額灯籠《がくどうろう》を提げた子供たちが、鼓笛を鳴らしながら街中を練り歩く様子が描かれている。

　この際、子供たちが「ローソクだせよ」と唄っていたとも、実際にねぶたに使われる蝋燭の寄付を人々に募っていたともいわれており、これが現在のローソクもらいの風習になったと考えられている。

　ちなみに、かつては青森ねぶたでも「だせ、だせ、ローソクだせよ」の囃子が唄われており、これがやがて現在のねぶたの掛け声「ラッセラー、ラッセラー」につながったという説には、津軽海峡を挟んだ二つの地域の文化的な連続性を見るようで興味深いものがある。

道内各地における歌詞や時期の違い

　現在、ローソクもらいが行われているのは道南〜道央にかけてが中心。特に函館や室蘭、小樽、千歳、それに札幌といった人口の多い都市部において行われる傾向にある。

面白いのは同じ北海道内であるにも関わらず、そのスタイルに細かな違いが存在することだ。

ひとつは、囃子唄の歌詞。冒頭で紹介した歌詞は現在の基本形で、札幌、千歳、旭川、室蘭といった道央の都市部で歌われているもの。

一方、かつてはニシン漁で栄えた日本海沿岸部の松前、古平、小樽では「今年豊年七夕まつり　ローソク出せ出せよ　出さないとかっちゃくぞ　おまけに噛み付くぞ」となり、漁師町としての特色が歌詞にも表れている。明治期には道内一の商都でもあった小樽では、ここに「商売繁盛」の一句が加えられることもあるという。

そしてローソクもらいの発祥地といえる函館には、「竹に短冊七夕祭り　大いに祝おう　ローソク一本ちょうだいな」との歌詞が伝わっており、もしかするとこれがより原初の歌詞に近い囃子唄なのかもしれない。

二つめは、ローソクもらいが開催される時期の違いだ。

函館、室蘭、根室といった地域では7月7日に催される一方、その他の多くの地域では8月7日に開催される傾向にあるが、これは明治の改暦に伴う盆の開催時期の移動と大いに関係がある。

日本における七夕は、墓や仏壇を清め先祖を迎え入れる準備という意味合いがあり、本来は旧暦7月7日に盆の始まりを告げる年中行事であった。だが明治6年（1873年）の新暦導入で盆が8月中旬に移動し、それに伴い日本国内では七夕行事を旧暦に合わせた7月7日に行う地域、新暦どおりの8月7日に行う地域の二つに分かれていく。

特に函館では、七夕行事を新暦8月7日に開催すると函館八幡宮の例大祭の準備と重なってしまうため、旧暦に合わせた7月7日にせざるを得なかった。この決定が道内の他の地域にも導入された結果、道内において七夕行事を7月7日に行う地域と8月7日に行う地域の二つに分かれていったと考えられている。

新暦の導入が北海道の風俗にもたらしたものは、七夕の時期の二分化だけではない。函館では、ねぶた巡行そのものが無くなったのだ。

それまで日本で使われていた旧暦、すなわち太陰暦では、奇数を重ねた月日には陽の高まりとともに陰が濃くなるという陰陽説《いんようせつ》の思想があった。そのため旧暦7月7日の七夕をはじめとする五節句《ごせっく》は、邪気を祓《はら》う日として重要な意味をもっていたのである。

だが、新暦の導入にあわせて五節句が暦の上では廃止となり、盆の始まりに邪気を祓い先祖の霊を迎えるための七夕は意味そのものが無くなってしまう。これにより函館では新暦7月7日のねぶた巡行が失われていった一方で、子供たちによる練り歩きはその後も細々と続けられ、やがて「ローソクもらい」の風習として道内各地に根ざしていったのだ。

道民の郷愁を誘う幼少期の思い出

時代という要素もまた、ローソクもらいのスタイルに少しずつ変化を加えていく。

子供たちが手にする明かりは、初期には四角い木枠に和紙を貼り、色鮮やかな絵を描いた額灯籠だったが、やがて手に入りやすく携帯のしやすい提灯へ、そして金属製のカンテラへと変わっていった。

そして太平洋戦争の終戦後、物資不足により提灯やカンテラを手にできなくなった子供たちは、援助物資の空き缶に穴を開けて蝋燭を立てた缶灯《かんとう》籠《ろう》を作り、街を巡る際の明かりとして利用していく。やがて缶灯籠は、ローソクもらいならではの光として人々の間に定着していったのである。

現在は防犯上の理由から、子供たちが巡る時間帯が多くの地域で昼間となって明かりを持つことが無く、夕方に行う一部地域でも安全な懐中電灯を持たせることが多くなった。

それでも、昭和30年代から平成にかけて幼少期をおくった大人たちの多くは、ローソクもらいといえば缶灯籠のつましい光を思い出すという。それは多くの北海道民にとって、まさに郷愁を誘う原風景と呼べるものなのかもしれない。

町会の方々が用意したお菓子をもらう浴衣姿の子供たち
（写真提供：函館新聞社）

開催時期　毎年7月7日または8月7日

開催場所　北海道道南〜道央の各都市

茜色に染まった、我が家の玄関先。

色とりどりの笹飾りに見下ろされながら、浴衣や甚平《じんべい》を着た子ども達が小さな背を伸び上がらせるように歌い始める。

「せーの！　ローソクだーせーだーせーよー‼」

いやー、ほんっとに可愛らしい。見守る私は顔がニヨニヨしっぱなしだ。

その場で気をつけして真面目に歌ってる子。恥ずかしそうにはにかみながらボソボソ歌ってる子。逆に天まで届けとばかりに大声を張り上げてる子。

子ども達それぞれに個性があって、でも、どの子もころころふわふわしていて……結論としては、めっちゃくちゃに、可愛らしい。

夏の夕方、とろとろに蕩《とろ》けた空気の中で響きわたる子ども達の歌声は、エナジードリンクもかくやってくらいに元気を与えてくれる。

高校の夏休みの宿題に痛めつけられた私の心が、じわじわ癒《いや》されてく感じがするよ……。

「だーさーないとー、かっちゃくぞー！　おーまーけーにー、ひっかくぞー‼」

——わかりました、思いっきり引《か》っ掻《ちゃ》いてください。

思わずそんなことを言いそうになって、いかんいかんと口を噤《つぐ》む。

　これはお約束、定型文ってやつね。ハロウィンと同じく、ここでホントに蝋燭《ろうそく》を差し出したり引っ掻かれることを選んだりしたら、逆に子ども達の方が困ってしまう。

　私は傍らの段ボール箱から袋を取り出すと、子ども達に差し出した。もちろん、袋の中身は蝋燭なんかじゃなく、チョコやキャラメルみたいな小分けされたお菓子だ。

「はい、どうぞ。大事に食べてね」

「ありがとー、おねえちゃん！」

　あー、くっそう可愛いなあまったく！

　私も含め、この辺りで生まれ育った人間はみんな幼稚園くらいの頃にローソクもらいの行事を経験している。

　その頃のことはもうほとんど覚えてないけど、私もこの金魚柄の浴衣の女の子みたいに、自然と可愛らしさを振り撒きながらお菓子を貰っていたのかな？

　引率の女の人に連れられて、提灯を振り振り子ども達が去っていく。その小さな背中を見送りながら、私は空の上から見守っているかも知れない織姫と彦星に祈った。

　あの頃の小っちゃくて可愛らしかった私よ、カムバ――ック!!

天狗の火渡り（北海道古平郡古平町）

文／梧桐彰
イラスト／むーぴょん

琴平神社例大祭の災厄を祓う神事

北海道の西部、積丹《しゃこたん》半島は岬が多く、幾つもの漁村集落がある。この地域はニシン漁師の生活を描いた「ソーラン節」の発祥地であり、札幌からさほど遠くなく温泉資源が豊富で、雷電温泉、盃《さかずき》温泉郷などの保養地としても知られている。

この半島の北東に、古平《ふるびら》町という人口2600人ほどの町がある。北海道の地名は多くがアイヌ語に由来しているが、この町名もアイヌ語で赤い崖を意味する「フレピーラ」という言葉から来ていると言われている。

「天狗の火渡《ひわた》り」は、この地域の琴平《ことひら》神社にて、毎年7月第2土曜日の前後を含む3日間の例大祭《れいたいさい》の中で開催される儀式である。琴平神社の記録は古く、慶応元年（1865年）に箱館奉行所へ依頼して丸山山麓に社地を分けてもらい、慶応2年には京都より大物主神《おおものぬしのかみ》の御神体を渡されたという記録が残っている。その後、火事で焼けたり国道の開通による移築などがあり、昭和36年（1961年）には現在の幣殿《へいでん》・拝殿《はいでん》を造営し、遷座祭《せんざさい》を斎行している。

例大祭では宵宮祭《よいみやまつり》、海上渡御《とぎょ》、陸上渡御などの祭事も行われるが、祭りのクライマックスはやはり天狗の火渡りである。神社の境内で、紅色の装束をまとう天狗が一本歯の下駄を鳴らしながら、人の身長を遥かに超える炎の中をくぐり抜ける。その夜は太鼓と笛が響き渡り、天狗が通り過ぎると人口の倍以上の観客からは大きな拍手と歓声が上がる。

神棚や仏壇に灯明《とうみょう》を点《とも》したり、盆に迎え火や送り火を焚《た》いたりするなど、火を使った祭事は生活の様々な場面で見ることができる。かつて家を出る時に火打ち石で火花を振りかける「切り火」などのしきたりも祭事の一つである。火には神仏に灯りを捧げて祈り、招き送り、災厄を祓《はら》うなど、様々な意味がある。

ここで紹介する天狗の火渡りは、最後の災厄を祓う祭りであり、北海道の多くの祭りの中でも特に迫力のある火祭りである。

サルタヒコ＝天狗が神輿を先導する

この祭りは二日かけて行われる。初日の早朝に神輿《みこし》が神社を出発し、その行列を天狗が先導する。正確にはこの天狗はサルタヒコ（猿田彦）であり、天孫降臨《てんそんこうりん》のときにニニギノミコトを案内した国津神《くにつかみ》として知られる。その時を記念して、この祭りでも氏神《うじがみ》様を乗せた神輿を先導していく。

神輿の行列を先導する天狗（猿田彦）。その前を横切ることも、上から見下ろすことも許されない（写真提供：古平町役場）

サルタヒコは『日本書紀』では長い鼻に赤い顔を持つとあり、天狗に近い形相であることが読み取れる。天地を照らす神とも考えられており、天照大神《あまてらすおおみかみ》以前には太陽神だったが、天孫降臨の物語で神々の行く手はサルタヒコが案内すると書かれていることから、神々の先導役なのだと考えられるようになった。このような逸話から、祭りで天狗が神輿の前を歩くという習慣が始まったと考えられている。

しかし、もともとサルタヒコは天狗と全く同一の存在ではなかったという。「天狗」という言葉はもともと流れ星のことであったそうで、両者が結びついて定着したのは室町時代以降と言われる。後年になってから、そのインパクトのある姿が多くの日本人を魅了し、以降の伝統行事において日本独自の妖怪として知られるようになったのであろう。

こうした祭礼で御神幸《ごしんこう》される際にサルタヒコが先導する習わしは、「水海道《みつかいどう》祇園祭《ぎおんさい》」など他の祭りでも似た儀礼が見られる。しかしながら、厄祓いのため火を渡るというのが、琴平神社例大祭における天狗の大きな個性となっている。

燃え盛る炎の中を突き進む天狗。琴平神社例大祭のクライマックスとなる場面だ（写真提供：古平町役場）

長い白髪と白髭《しらひげ》を蓄えた真っ赤な面に、紅色の狩衣《かりぎぬ》。右手には大きな鉾《ほこ》、左手には中啓《ちゅうけい》と呼ばれる扇子《せんす》を持ち、この装束で、天狗は災厄を断ち切りながら歩いていく。同行する獅子舞とともに住民からの献杯の毒を見、それを氏神様へ献上する。

燃え盛る炎を悠然と踏み越える

古平町の天狗が他と異なるのは、その立場の強さである。天狗が全体の進行についての一切の決定をするため、天狗が動かなければ神輿も動けない。天狗に対しては、見下ろすこともその前を横切ることも無礼であるため許されない。もし横切ろうとすれば付き添いが止め、二階から見下ろしている者がいれば天狗は動くことをやめ、その場に居座ってしまう。こうした風習は道南地方にも見られるが、火渡りをするということもあってか、琴平神社の天狗は特に力強さで知られている。

このような行進を経て、夜の帳《とばり》が下りる頃から、いよいよ火渡りの準備が始まる。斎場の中央、山のように積まれたカンナガラ（カンナをかけたときに出る木屑）に火が点けられると、たちまち天高く火の粉が舞い上がる。警塩《けいえん》係《がかり》と大麻係《おおぬきがかり》と呼ばれる役の者、そして獅子舞が舞を踊り、炎を祓《はら》い清める。カンナ屑はその合間にくべられるため、炎の勢いは徐々に強くなっていく。

両手を大きく広げる天狗は神輿の前に立ち、燃やし始められたカンナガラをじっと見つめている。何かの決意を感じるようでもあり、全く動じていないようにも見える。火柱は高く、火の粉は群衆の真上へ幾何学《きかがく》模様を描いて飛び交っている。

そこでやおら、天狗が前に進む。

篝火《かがりび》の前に進んで卍《まんじ》を切り、燃え盛る炎の中に鉾《ほこ》をかざす。厄を祓うための火渡りのため、その勢いが十分になってから始まる。天狗が左右に首を振ると、それは「火が足りない」という意味になる。それを受けて、カンナガラはさらに追加され、炎の勢いはさらに強まっていく。

そこで天狗が、火中に突き込むように火の粉を蹴散らしながら、身をひねることなく越えていく。観客から大きな歓声と拍手が響き渡る。天狗は火を踏み越えるとお社へと一気に駆け上がっていき、これに続いて大榊《おおさかき》、獅子舞、御神輿もついていく。観衆は炎が衰えていくまでその光景をじっと見つめ、やがて火がほとんど消えたあたりで我に返り、そして家路につくのである。

火渡りは「板子一枚下は地獄」といわれる危険な漁業に従事する若者たちが、罪穢《つみけが》れを払い清めることで安全に漁業に従事できるようにという願いや祈りが込められているとも言われている。

数年間は新型コロナウイルスの影響で実施されなかったが、2023年に復活。天狗の火渡りは再び、地元だけではなく広い地域から多くの人々を集めることができるようになった。

開催時期	毎年7月上旬
開催場所	北海道古平郡古平町新地町（琴平神社）
見学の可否	可
一般参加の可否	不可
交通アクセス	【公共交通】①JR函館本線余市駅からバスで約30分、②JR函館本線小樽駅から北海道中央バスを利用して約60分 【車】新千歳空港から北海道縦貫自動車道／道央自動車道、札樽自動車道を経由して約115km（約2時間30分）
お問い合わせ	琴平神社祭典委員会（TEL：0135-42-2249）

「天狗さん、火の中へ入るの？　なんで入るの？」

彩《あや》がそう訊《き》いてきた。私は少し考えてから、すっとかがんで大事な娘に目線を合わせた。

「お神輿に乗ってる神様はね、1日町を歩いて、街の悪いものを取ってきてくれたでしょう」

「うん」

「その悪いものを焼いちゃうの。天狗さんはね、お神輿を連れて行くために火に入るのよ」

「お神輿だけじゃだめなの？」

「だめよ。天狗さんがお神輿を連れて行かないと、お神輿が迷子になっちゃうでしょ」

「天狗さんは熱くないの」

「天狗さんは熱いよ」

「天狗さん、かわいそうじゃない」

「ううん、かわいそうじゃない」

「なんで？」

「天狗さんは強いから平気なの。くっついてきた悪いものは熱くて燃えちゃうけど、天狗さんは平気なの。何千年も前から、ずっとそうやって来られたの」

何千年も？

だったら大丈夫？

私もこの子くらいのときに、全く同じ表情で、全く同じ事を訊いていた。こうやって、母親の袖をつかみながら。

天狗とお神輿が火の周囲をめぐり、カンナガラが一際高く燃え上がったときに、天狗が勇ましく正面から炎を踏み越えてきた。

「やだ、やっぱり天狗さん燃えちゃうよ！」

「大丈夫だってば」

「やだやだ、燃える燃える！」

「大丈夫」

「だってだって！」

「ちょっとちょっと、痛いよ」

きゃーっと叫んだけど、彩の目はまっすぐに天狗へ向けられている。

天狗と神輿が一瞬で渡り切り、それを繰り返す。なんど見てもすごいなと思う。

「ほら、大丈夫だ」

横を見た。彩はあたしの袖を掴んだままだったけれど、少しだけ口を開けて、じーっと天狗さんを見つめていた。泣いていない。笑ってもいない。放心とも違う、集中した目。ずっといっしょにいた娘なのに、こんな顔を見るのは初めてだった。

帰り道。娘は片手で私と手をつなぎ、片手で袋詰めのワタアメを嬉しそうに振り回しながら歩く。行きよりもずっと元気そうに。

連れてきてよかったなと思った。

楽しかったね。

来年も行こうね。

北海道・東北地方の祭りの特徴

文／有馬桓次郎

日本で最も北に位置する、北海道・東北地方。

地域によっては冬にマイナス20度を下回る厳しい自然環境のなかで、人々は古くから多様な年中行事を行い、日々の生活に彩りを添えてきた。

東北地方の祭りには大きく二つの特徴があるが、その一つは、農耕儀礼をベースとするものが多いこと。

かつての日本では稲作が経済の中心にあったが、米の栽培北限と重なり合っていた東北では、わずかな気候変動でも凶作となって経済の不振を招いた。特に、室町から明治にかけての日本は現在より年平均気温が3〜4度ほども低い小氷期といえる時代であり、東北地方では毎年のように大凶作からの飢饉《ききん》や地域離散が相次いでいたのだ。

栽培技術が現在ほど洗練されていなかった当時、天候不順へ抗するには神仏へ祈りを捧げるしか方法は無く、そのため東北地方では他の地域と比べて数多くの農耕儀礼が、より一層の真剣さで執り行われてきたのである。

そして二つめの特徴は、青森の「ねぶた」や秋田の「能代七夕」「秋田竿燈《かんとう》まつり」、宮城の「仙台七夕まつり」など、七夕に関連した祭りが多いこと。

七夕もまた、農耕と大いに関係している。彦星といわれる牽牛星《けんぎゅうせい》は農耕を司る星とされており、星の力が最も高まるという旧暦七月七日に豊年行事を行うことで、秋の豊かな収穫を祈願していた。「秋田竿燈まつり」はこの思想が最も色濃く写し出されたものといえるが、その他の七夕由来の祭りについても、細かく見ていけば随所に農耕儀礼であった頃の名残を認めることができるだろう。

本州とは津軽海峡で隔てられた北海道は、近代以降に日本文化が流入した経緯があるために、先住民族アイヌの祭祀《さいし》を除けば割と歴史の浅い祭りが多い。そしてその流入形態も、北前船《きたまえぶね》によって本州からもたらされたものと、明治期以降に開拓民によってもたらされたものの二つに大別される。

北海道と東北日本海側の文化は、北前船によってもたらされた上方文化の影響が色濃いことで知られる。江戸時代、大坂から瀬戸内海を経由し、日本海側の諸都市を巡りながら蝦夷地《えぞち》までを結んでいた北前船は、北国の物産を近畿の大消費地へ運び込む一方で、それぞれの寄港地では上方《かみがた》文化の伝播《でんぱ》役となっていた。

北前船がもたらした上方文化は食や言葉など多岐にわたるが、祭りについてもその様式や作法に近畿や瀬戸内との共通性を見ることができる。道内で広く催されている「ローソクもらい」は青森の「ねぶた」が発祥とされるが、「ねぶた」の山車灯籠《だしどうろう》は京都「祇園祭《ぎおんまつり》」の山鉾《やまぼこ》と文化的な共通性があるという説もあり、間接的だが「ローソクもらい」もまた上方文化の流入の中から生まれた風習と言えるだろう。

そして明治以降、北海道へ移住した開拓民によって日本全国様々な地域の文化が流入したことも重要なポイントだ。

故郷を忘れないよう、そして厳しい開拓生活を乗り越えようと彼らが持ち込んだ習俗は、この広大な北国において他地域の文化と出会い、融合し、独特の道産子《どさんこ》文化として花開いていった。古平《ふるびら》町の琴平《ことひら》神社例大祭における「天狗の火渡り」もまた、その発祥は道外の文化と道南の松前文化が融合を果たしたものという説があり、道外の文化が遠く北海道の地で息付いている一例と言える。

今回は紹介しきれなかったが、北海道といえば無論アイヌの祭祀についても見逃してはならない。もしも機会があれば、是非その独特な文化を見学してみることをお勧めする。

第二章

北東北（青森／岩手／秋田）

おこもり（青森県下北郡佐井村）

文／氷上慧一
イラスト／木志田コテツ

おこもりが開催される牛滝神明宮の祭壇。おこもりは神事であり、且つ佐井村の地区行事という位置づけである（写真提供：まるごと青森）

叫びながら飯や汁物を食べ続ける奇習

青森県は下北半島西端の中央部に位置する佐井村。

海岸線沿いに、約2㎞にわたって巨石、巨岩が立ち並ぶ秘境として知られる仏ヶ浦、山稜から突然ぬっと巨大な岩が突き出す特異な景色で有名な縫道《ぬいどう》石山《いしやま》などの観光資源が豊かな村である。峻険な山地と接しており、南北に長く伸びた特徴的な土地だ。

その南部にある牛滝《うしたき》地区。古くは田《た》名部《なぶ》七湊《しちそう》の一つとして檜材《ひのきざい》の積み出しなどが行われ、林産資源に加え、アワビなどの海産物も豊富で裕福な土地柄であったらしい。現在は牛滝漁港が整備され、沿岸漁業が主な生業として営まれている。そんな牛滝地区には知る人ぞ知る奇習が伝えられていた。

毎年12月15日と翌年1月15日の2回、集落の中心にある牛滝神明宮に村人達が集まり、「めしー、めしー！」「しるー、しるー！」と絶叫しながらひたすらご飯や汁物を食べ続けるというものだ。

「おこもり」と呼ばれるこの奇習の正確な起源については記録に残っていないが、かつてこの地区に深刻な問題が発生し、その問題が解決するよう12月15日に願を掛けて、1月15日に願いが叶ったところからきていると言われているそうだ。

由来として伝わっているのは次の二つの説。一つは、死んだ鯨が港の入り口を塞いでしまったため、これが取り除かれるように願ったところ、1月15日にそれが実現したという説。

もう一つは不漁が続き、地区が食糧難の危機に陥った際、鯨が港に寄ったが沈んでしまい、再び浮かんでくるように祈願したところ1月15日に鯨が浮上し地区が救われた、という説がある。

かなり特殊なおこもりだが、上記の祈願を行うために男達が神社に籠もり、その間、女達が食べ物を運んだことからこの形になったと言われている。

おこもりの準備は当番制で、12月と1月の各回につき2軒ずつが割り当てられ、親族からも力を借り、周囲と協力しながら進めていく。

だが、この時期はちょうど真鱈《まだら》漁の最盛期に当たり、出漁する人たちは当然、陸に残る女達も食事の準備や出荷作業で忙しく働いている。出漁できるかどうかの海模様を気にしたり、漁港で出荷作業をこなしたりしながら、祭りの準備は数日前から少しずつ進めていくことになる。

行事当日の神明宮への供え物、膳《ぜん》の用意、料理とその具材の用意など、ただでさえ忙しい時期にさらにおこもりの準備を行う労力は生半可なものではない。それでもこの風習が残り続けているというのは、それだけこの地域で、おこもりが大切に受け継がれてきたということだろう。

さながら食う者と給仕役との真剣勝負

12月と1月の15日。

集落の中程、高台になった場所にある牛滝神明宮では、当番家の当主が神明宮にお供えをし、拝殿で囲炉裏の火加減を見ながら参加者を待つ。この拝殿の床はかつて板張りであったが、平成7年（1995年）に神社を建て替えた折に畳敷きになっており、その際、おこもりのために畳一畳ほどもありそうな大きな囲炉裏《いろり》を二つ設けたそうだ。

この囲炉裏で参加者達が暖を取ったり、酒の燗《かん》をつけたり、汁物が冷めないようにしたりと活用されるのである。わざわざおこもりのために囲炉裏を作ってしまうところからしても、力の入れようが窺《うかが》えるというものだ。

当日は18時頃から人が集まり始め、当番家の男性は酒を振る舞うなどしてもてなしていく。参集者は車座になって酒を飲んで談笑したり、和気藹々《わきあいあい》の雰囲気で開始を待つ。

20時頃になると、子供達が太鼓を叩いて集落内を歩き、準備が整ったことを触れ回る。神明宮では、隣にある牛滝地区交流促進センターで作られた料理を若者達が拝殿へと運び込む。最後に、すべての準備を終えた手伝いの女性達も拝殿に入って、いよいよおこもりが始まるのである。

当番が一人一人にお神酒《みき》としとぎ（神前に供える餅）を配り、給仕役は御膳を配り席に着く。献立は、白米、豆腐や椎茸が入ったすまし汁、ゼンマイの辛子和えに沢庵《たくあん》の四品だ。

この頃には、寸前まであった和気藹々とした雰囲気はいつの間にか消え失せる。

神妙な雰囲気が続き、お神酒が全員に回った後、当番が「それではみなさんお箸をお取りください」と声をかけるのを合図に、拝殿内は静から動へ一転する。

皆一斉に怒涛のごとく食べ始め、椀を箸で叩きながら「めし～っ」「しる～っ」と絶叫し、給仕役も「けえ～っ（食えー）」と絶叫しながらご飯や汁のおかわりを次々と出し続けるのだ。

その様はまるで食う者と給仕する者との真剣勝負。「まだまだいけるぞ」「もっと食え」と白熱した掛け合いがそこここで繰り広げられる。給仕側は少しでも多く食べさせようとするし、食べる側も少しでも多く食べようと奮戦するのだ。

やがて限界が訪れた者は、自分の膳にある料理を平らげた後、わんこそばのように椀の蓋で閉じるとギブアップの合図となる。

だが、ここでも一筋縄ではいかない。

給仕役は少しでも多く食べさせようと、ご飯を食べている間に汁をついだり、食べ終わりそうになると香の物を追加したりする。どうにか食べ終わりやっと椀に蓋をしようとした瞬間、誰かが蓋を横取りすることもあるなど、場は混乱を極めていく。

この熱気こそが、神様へのお供え物になるのかもしれない。

寒い地域の熱い行事

ちなみに、おこもりでは最初から最後まで同じ人間が食べ続けるわけではなく、10～20人ぐらいをひとまとめとして3回入れ替えで行われる。それぞれ一番膳、二番膳、三番膳と呼ばれ、回ごとに参加者の性格が異なるそうだ。

一番膳は主に年配の方や子供たちで、学校の先生等も参加する。二番膳は村の若い男性。三番膳になると手伝いの女性達が席に着く。特に若者が席に着く二番膳は白熱し、食いっぷりや張り上げる声の大きさなど、最も盛り上がる場面となる。そして、最後の一人がギブアップしたところでようやく終了となるのだ。

おこもりの当番になっている人達は、朝までこの神社に籠もってお祈りをする。他はゆっくりとお酒を飲みながら談笑する者、家路に着く者と様々だ。

大漁や集落住民の無病息災を願っての風習であり、住人同士の親睦や絆を深めるための忘年会・新年会の役割を果たしてきたのだろう。

寒い地域に伝えられる、とても熱い行事である。

村の若い男性たちが参加し、最も白熱する二番膳の様子。右手前では一番膳を終えた子供たちが給仕を手伝っている
（写真提供：佐井村総合戦略課 地域振興係）

開催時期	毎年12月15日と1月15日
開催場所	青森県下北郡佐井村
見学の可否	原則不可
一般参加の可否	不可
交通アクセス	【公共交通】JR大湊線 下北駅から下北交通のバスで約3時間 【車】むつ市中心部から国道279号と338号を経由して約60km（約73分）
お問い合わせ	佐井村観光協会 （TEL:0175-38-4515）

一月十五日。牛滝神明宮には熱気が充ち満ちていた。

「めしー、めしー」

「しるー、しるー」

この地に伝わる奇習「おこもり」は、一般の人が見物に来るような行事ではないけれど、私はちょっとしたツテがあったのである。

「ふあぁ、食った食った」

一番膳、二番膳と進む中で一人の青年がやりきった表情を浮かべて近づいてくる。

「洋平、もっといけたんじゃない？」

「もっとぉ!?　いや充分がんばっただろ？　白飯七杯、汁六杯だぜ？」

こいつは大学の同級生で、まあ、一応付き合ってたりしている相手だ。彼が偶然ここの出身だと知って連れてきてもらったのである。

「千紗《ちさ》、手伝いしてくれてんの？」

私が抱えている、空になったおひつを見て洋平が不思議そうな声を上げた。

「見てるだけじゃ、悪い気がしてね」

そうしているとおばさんが一人、話しかけてくる。

「いやほんと助かったわぁ。洋平ちゃん、いい子じゃないの」

まだ粘っている参加者がいる中、そんな呑気《のんき》な会話を交わしていると二番膳が終わり、三番膳が始まろうとしていた。それまで料理を運んでい

た牛滝地区の女性達が席に座り始めるのが見える。

男性ほどの迫力はなくなるだろうが、どのぐらいまでがんばる人がいるのか。同性として、私はまた少し別の興味があった——のだが。

ガシ。

見物モードだった私の肩を、一緒に働いていたまた別のおばさんががっしりと捕まえたのだ。

「え……？」

「じゃあ、千紗ちゃんも参加しようね」

「で、でも私、部外者——」

この行事は住民だけのものでは？

「いやいや、洋平ちゃんの友達だったら身内も同然。働き者で、まず将来有望だもの」

さらにおばさん達が集まってきて、うんうん、とうなずき合っている。

「完全に、ロックオン……？」

たぶん、将来の嫁候補、とかそんな風に思われたのだろうが——。

「よ、千紗、いいとこ見せてくれよ」

まあ、こいつとならいいかと苦笑を浮かべて勝負の場に躍り出るのだった。

結果、私はがんばったとだけ言っておこう。

青森ねぶた祭（青森県青森市）

文／ひびき遊
イラスト／木志田コテツ

「ねぶた」の由来と変遷

青森県で行われている「ねぶた」とは、奈良時代に中国から渡来した旧暦7月7日の「七夕祭り」と、古来より津軽にあった習俗とが一体化したものである。

精霊送り・人形・虫送りなどの行事が、紙・竹・蝋燭《ろうそく》の普及に伴い「灯籠《とうろう》流し」となった。それが変形して、人形や扇を使う「ねぶた」になったと考えられる。

2023年の「ねぶた大賞」に輝いた青森菱友会の「牛頭天王」。作者は竹浪比呂央氏
（写真提供：青森ねぶた祭実行委員会事務局）

この人形・扇を流す行為自体は、主に東日本各地で行われてきた。とりわけ近世以降の津軽地方において盛んで、青森市では「ねぶた」、弘前《ひろさき》市では「ねぷた」として発展してきた。両者ともに昭和55年（1980年）に、重要無形民俗文化財に指定されたが、「ねぶた」と「ねぷた」の違いに明確なものはない。

ねぶた・ねぷた・ねふたという名称は訛《なま》りの違いでしかなく、そもそもは「ねむりながし」のねむりが転訛《てんか》したものと考えられている。興りとして先なのは弘前の方だ。享保年間（1716～1736年）の頃、当時存在していた青森県油川《あぶらかわ》町の付近で、弘前「ねぷた」を真似ていた記録がある。

当時の「ねぶた」は、津軽の農民の暮らしぶりを具体的に絵解きした「奥民《おうみん》図彙《ずい》」にも遺されており、京都の祇園祭《ぎおんまつり》の山車《だし》に似ていた。

現在のような歌舞伎などを題材にしたものが登場したのは、文化年間（1804～1818年）と言われている。すでに車で曳くものも登場していたが、まだこの頃の大半は「人形ねぶた」ではなく、一人が担ぎ上げ四方から支える「担ぎねぶた」だったことが確認できる。

明治時代に入り、青森の人形ねぶたは大型化していく。明治3年（1870年）の浜町では高さ十一間（20m）のもので、100人で担いだと言われている。しかし、明治政府から任命された青森県令（現在の知事にあたる）菱《ひし》田重喜《だしげよし》はこれを地方の悪習と決めつけ、明治6年（1873年）に禁止した。このとき9年間も「ねぶた」は姿を消し、明治15年（1882年）になりようやく解禁された。

また、青森市が戦災を受けた昭和20年（1945年）にも中止となったが、翌21年（1946年）には油川町や旭町で行われた。当時、日本を占領下においていた進駐軍に気兼ねしながらの催行だった。

現在のように大型化した人形ねぶたが主流となったのは、戦後になってからである。それでも明治から大正にかけてのものよりは小さく、最大サイズは幅9m・高さ5m・奥行き7mという規定がある。電気の普及により張り巡らされた電線を避けるため、この形に落ち着いたのだ。竹や針金の枠組みに和紙が貼り付けられ、幻想的な彩りと迫力のある立体的な姿となっている。

かつては蝋燭だった内部の明かりも、

今は蛍光灯やLED電球に替わり、台座にはバッテリーが載せられている。夜になると明るく輝くその姿は、まさに圧巻！　壮大な光景が、延べ200万人もの観光客の前に広がる。

人形ねぶたの題材と出来栄えの審査

青森の「ねぶた」は毎年8月1日に前夜祭が行われ、8月2日～7日まで開催される。このうち2～6日には夜間運行がある。7日は昼間運行のみだが、夜には海上運行と花火大会が催される。ここに灯籠流しの名残が見られるだろう。もともとは穢《けが》れを川や海に流す禊《みそぎ》の行事として灯籠を流し、無病息災を祈ったのだ。

人形ねぶたは、主に「ねぶた師」と呼ばれる、名の立つ制作者によって作られている。日本や中国の伝説、歴史上の人物・歌舞伎・神仏などを題材にすることが多い。近年では、地元の伝説や偉人、NHKの大河ドラマなどを題材にしたものも見られる。

しかし、和紙で作られている人形ねぶたの性質上、昔は雨が降ると運行が中止されていた。現在では、雨天でもビニールを被せて運行される。ただし、形状によっては一部がビニールを突き破り、はみ出してしまうこともある。また、強風でビニールが飛ばされることも。そうした場合は運行終了後に修復しなければいけない。

こうした人形ねぶたは、その出来映えを毎年審査されている。審査委員会が設けられ、8月2日～5日のうち、2日以上運行した大型のものが審査対象となる。5日に審査結果が集計され、翌6日には表彰式が行われる。その採点にあたっての着眼点は、実に細かい。人形ねぶたそのものの出来だけでなく、それを運行する「跳人《ハネト》」や囃子《はやし》のリズムまで含まれる。

ねぶたの熱気を生み出す踊り子「跳人」とは

青森の「ねぶた」の魅力の一つは、この跳人にある。昔は踊子《おどりこ》といったが、いつの頃からか跳人の名称になった。人形ねぶたの巨大な山車1台に対し、なんと500～2000人もの跳人が「ラッセーラー」という掛け声のもと、お囃子のリズムに合わせて跳ね踊るのだ。

この跳人は、正式な「ハネト衣裳」を身につけていれば、誰でも参加することができる。これにより「ねぶた」は、観光客をも交えた大熱狂となるのだ。

ところが、問題がなかったわけではない。

ここで登場したのが、跳人の正式な衣裳ではなく、カラスのような黒装束で参加した「カラスハネト」である。祭りの熱気に乗じて傍若無人な振る舞いをする彼らは、そもそも「ハネト」の名に値しない。地元メディアは「カラス族」として表現した。そのグループの中心は暴走族といった「半グレ集団」であり、この問題がしばしばマスコミなどで取り上げられたことで、かえって全国から集団を呼び集めてしまった。

このことに対して青森市は対策に苦慮していたが、平成12年（2000年）には、ついにカラス族は1万人にも達したという。仲間同士の抗争や、観客や警察への暴行が見られ、もはや正常な祭りとは言えない状況となった。

そこで翌平成13年（2001年）には「ねぶた」の一斉スタート、一斉終了という形をとった。同時に青森県が「迷惑行為等防止条例」を施行し、警察も事件が起きる前にカラス族を摘発、排除できるようにした。その結果、カラス族対策に劇的な効果を上げ、事件の件数は激減した。

現在では「ねぶた」の治安はかなり良くなっている。主催者側のみならず、警察やボランティアといった人々の努力の賜物《たまもの》だろう。

青森「ねぶた」は日本各地の祭りの中でも、屈指の大きな祭典に発展した。その熱気を、ぜひ実際に現地に足を運び、正式な跳人の衣裳を纏《まと》い、堪能して欲しい。

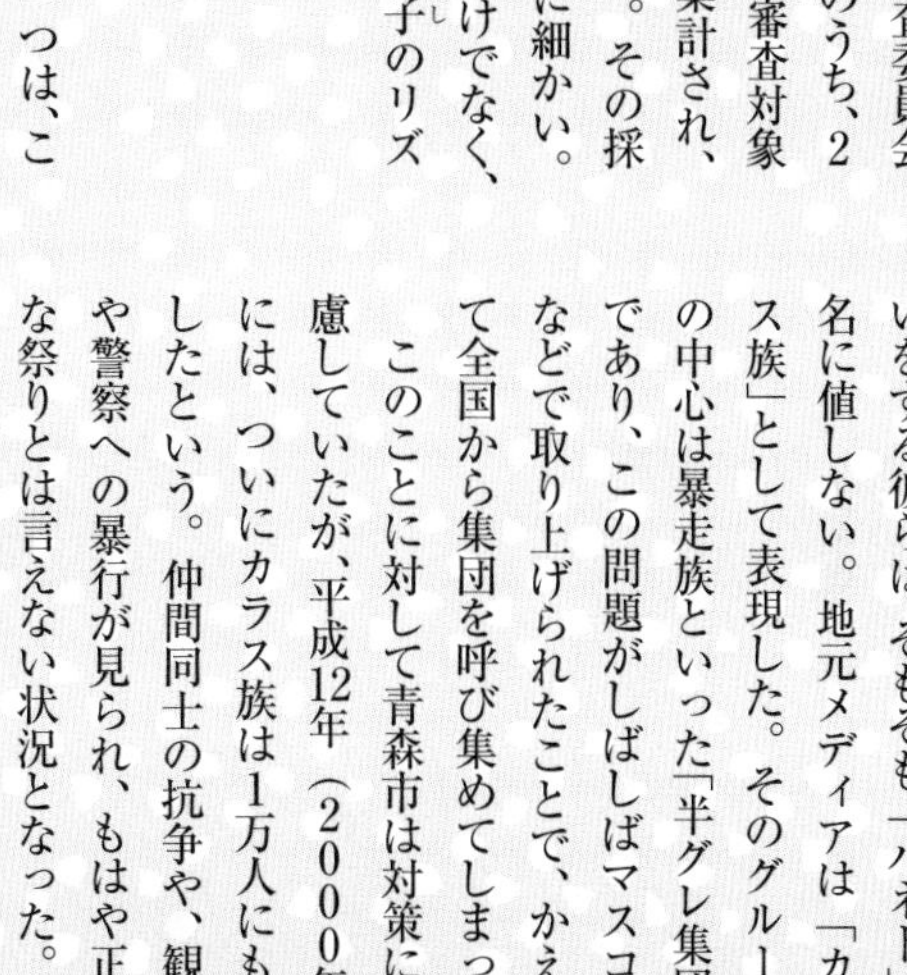

青森ねぶた祭の盛り上げ役でもある跳人
（写真提供：青森ねぶた祭実行委員会事務局）

公式サイト	https://www.nebuta.jp
開催時期	毎年8月2日～7日
開催場所	青森県青森市内中心部
見学の可否	可
一般参加の可否	可
交通アクセス	【公共交通】JR青森駅から徒歩で約10分 【車】青森自動車道 青森中央ICから約4km（約15分）
お問い合わせ	青森ねぶた祭実行委員会事務局（TEL:017-723-7211）

ラッセーラー、ラッセーラー！

青森の夜にお囃子《はやし》が満ち、巨大な台車に載せられて、色鮮やかな人形の群れが進む。

その輝きもさることながら、お揃いの衣装を着た者たちの跳躍が、集まる観光客の目を楽しませていた。

「うおーーー！　祭りじゃーーーーーいっ！」

その中にレンタル衣裳で混ざるのは、愛車の赤い電動スクーターではせ参じた、金田アキラだ。

アキラはこの青森市の生まれだが、進学を機に県外へ出ていた。そこで知り合ったのが、テツオという彼氏だった。いや、正確には彼氏未満だったが。

たまたまツーリングサークルで顔を合わせ、最初は「ぼくは、テツオ……」なんておとなしそうにしていたから、遊び仲間として親しくしていただけなのに。

急に付き合ってくれ、という話になって、態度が変わったのだ。

「なーにが『金チャン♡』だ、あのやろーーーーー！」

自分は、そんな呼ばれ方が似合うタイプじゃない。今思い出しても虫《むし》唾《ず》が走る。だから勢い余って愛車を走らせ、気が付けば県境を越えていた。すると今日が、たまたま祭りの当日だったわけだ。

それまでは、一度も参加したことなどなかった。せいぜい観客として毎年、外から眺めていただけだ。

しかし、ばったり再開した友人が、この巨大な風神・雷神のねぶたを曳くという。せっかく帰省したのなら、その周りで「跳人《ハネト》」をやってよ、と頼まれて――。

「ラッセーラー！　ラッセーラー‼」

今、こうしてアキラは夜の青森市内で、皆とともに跳ねていた。

確かにストレス発散には最高だ！

まだ、あのテツオのにやついた顔が離れないが。

「あたしより年下のくせに……チャン♡じゃねーよ！　そこはせめてサンづけだろ、あのデコ助やろーーー‼」

だけど、熱気の渦に包まれて跳ね踊れば、額がテカるあいつのことが掻《か》き消えていく。どうでもよくなる！

そういえば、ねぶたの起源は灯篭流しだ、と聞いたことがあった。

今でこそこんなに派手で巨大だが、最初はささやかに鎮魂の願いを込めたものだったらしい。

「嫌なことは全部、灯りに託して！　ラッセーラー、ラッセーラー‼」

また新たな出発の区切りにすればいい。汗だくになりながらもアキラは、笑顔で跳ね続けるのだった。

沢田ろうそくまつり
（青森県弘前市）

文／氷上慧一
イラスト／とらこ

旧暦の小正月になると賑わう山間の集落

JR青森駅から奥羽本線で約40分行ったところにある弘前《ひろさき》駅。その駅から降りて車でさらに約40分進む。

途中には、弘前市の名産品であるりんごを栽培する畑が多く存在し、雪のないシーズンであればどこからかりんごの香りが漂ってきそうなのどかな風景を通り抜けて到着するのが、弘前市の沢田地区（旧相馬村）である。住人は十数名ほど。都会の喧噪《けんそう》からは縁遠く、時間がゆったりと流れているようにも感じる山間の静かな集落だ。

そんな沢田地区だが、毎年旧暦の小正月（1月15日）になると日頃の静けさが嘘のように一変し、約2000人もの観光客が集まってくる日がある。

彼らの目的は「沢田ろうそくまつり」と呼ばれる奇祭だ。

岩谷堂へと続く参道の斜面はお祭りの期間中、沢山のろうそくでライトアップされ参拝者を迎える（写真提供：弘前市観光部観光課）

実に450年もの歴史を持つこの祭りだが、その起源ははっきりとは分かっていない。言い伝えによると、ここ沢田地区には平家の落人《おちうど》伝説が残されている。かつて壇ノ浦《だんのうら》の戦いで敗れた平家の落人達が隠れ住んでいたのだそうだ。沢田ろうそくまつりは、そんな彼らの子孫が、祖先の霊を供養しようとした行いから始まっていると言われている。

先祖の無念を思ったのか、それとも自らのルーツを風化させないようにしたかったのか。当時の人々が先祖にどのような思いを馳せたのか、今では想像するしかない。

ただ、かつて確かに存在した人々の想い。そこから歴史のロマンを感じることができる気がするのである。

先祖の供養のためのものだった祭礼は、現在では五穀豊穣や無病息災、家内安全などの願いを込めるものへと変化しているそうだ。

準備を通じて深まる人と人との絆

祭りは、沢田地区にある沢田神明宮《さわだしんめいぐう》で行われる。

切り立った岩壁に沿うような形で建てられているこの神社にある、岩谷堂《いわやどう》と呼ばれる祠《ほこら》の中で岩肌にろうそくを立て、翌日の朝にろうの垂れ具合でその年の豊凶を占うのである。

準備は前日から行われる。

ただ、昨今はどこの伝統行事でも抱えていることが多い後継者問題だが、この沢田ろうそくまつりも例外ではない。元々この地域では炭焼きで生計を立てている人が多かったのだが、時代と共に林業が衰退し、若者は別の仕事を得るために街へと出てしまい、住人の数が少なくなってしまっている。

そこで現在では、弘前大学の学生によるボランティアや、その他多くの有志が力を合わせてこの沢田ろうそくまつりを支えるようになっている。

まずは参道作り。岩谷堂は急斜面の上にあり、本来の参道は直線的に延びている。しかし雪深いこの季節は角度が急で危険であるため、雪を固めて斜面を迂回する形で臨時の参道が作られるのだ。

続いて、祭りの開始を告げるセレモ

ニーやお囃子《はやし》の演奏など、様々な用途で使われるステージ作り。毎年テーマを決め、それに沿って斜面を飾り立てるろうそくの演出。他にも、合格祈願のかまくら作り、観光客に出す料理の下ごしらえ、受付・飲食店用のテント設営などなど、多くの作業をこなしていく。

日頃は接点がない者同士。あるいはこの祭りがなければ、一生会わなかったり、会話する機会がなかったりした人もいるかもしれない。

多くのお祭りは、その土地に住んでいる人達が共通の作業を通じて「あの人はこんな人なのか」という相互理解を深めていく働きもある。そうすることで集落内の絆を深め、厳しい環境の中で生き抜いていこうという昔の人の知恵なのだ。

時代が変わり、形が変わっても、人と人との絆を深める祭りの本来の姿がそこにあるのかもしれない。

岩谷堂の奥の岩肌へろうそくを奉納

前述のとおり、沢田ろうそくまつりは旧暦の小正月に行われる。現在の暦ではその年によって開催日が異なるので注意が必要だ。

18時頃になるといよいよ祭りが始まる。

岩谷堂の下に広がる斜面には無数のろうそくが並べられ、火が点される。このろうそくは毎年、決められたテーマに沿った形に配置されるが、夜陰の中に無数の灯火が浮かび上がる景色は幻想的ですらある。蛍が発する光をイメージしているそうで、「雪ほたる」という風情ある名前がつけられているそうだ。

参拝者は会場の入り口で購入したろうそくを手に持ち、雪ほたるに照らされた参道をゆっくりと登っていく。周囲にたちこめる身を切るような寒さと暖かな炎の揺らめきが共演する道を進み、やがて急な岩壁が迫ってくると、その根元に岩谷堂が建てられている。

素朴な建物の中に祭壇があり、天照大神が祀《まつ》られているが、この祭りの目的は祭壇ではなく、岩谷堂の中にむき出しになっている岩肌の方にあるのだ。

岩谷堂は、表から見れば四角い建物に見えるが、実は祭壇を覆うように建てられているものであるため、堂内の奥は自然の岩壁がむき出しになっている。そこにはろうそくを立てるための台が無数に用意されており、参詣者は自分で持ってきたり備え付けられているライターを借りたりしてろうそくに火を点し、五穀豊穣や家内安全の願いを託して奉納する。

この際、他の人からもらい火をしてはならない。それはもらい火をした相手から、神様から授かった福を奪ってしまうことになるからだ。

参拝者のろうそく奉納が落ち着く頃、会場の正広場に設けられたかがり火の周囲で高らかにお囃子が鳴り響き始める。

ぴ～ひゃら、ぴ～ひゃら、と笛の音が踊り、しゃんしゃんと鐘の音が追いかける。

それらを支えるように太鼓の腹に響く音が打ち鳴らされていく。

夜の闇と、時には吹き付ける雪の中、お囃子の音と、幻想的なろうそくの灯りとが相まって厳粛な空間が作られていくのだ。

そして、神主を先頭に、巫女、松明《たいまつ》を持った若い衆、登山囃子の一団が続き、30人ほどにも膨れあがった松明行列が岩谷堂を目指して進んでいく。

山肌に反射し、会場中にこだまするお囃子が、まるでどこか遠いところから聞こえてくるような不思議な感覚に包まれながら祭りは最高潮に差し掛かる。

岩谷堂で神主が神事を行い、お囃子と共に山を降ればお祭りは終わりを迎える。最後に冷え切った体をかがり火の炎にあたりながら温めていると、かがり火から生じた火の粉が別れを告げるように空高く登っていく。

まだ遠い春の訪れを待ちながら、その年の平穏を願う。そんな雪国の人々の、素朴な願いが詰まった祭りなのである。

岩谷堂の奥にある岩肌に奉納されたろうそく。
とても幻想的な光景だ
（写真提供：弘前市観光部観光課）

開催時期	毎年旧暦の小正月 （現在の暦では2月上旬）
開催場所	青森県弘前市 沢田神明宮
見学の可否	可
一般参加の可否	可
交通アクセス	【公共交通】JR奥羽本線 弘前駅からタクシーで約40分 【車】東北自動車道 大鰐弘前ICからアップルロードを経由して26㎞（約40分）
お問い合わせ	弘前市相馬総合支所 （TEL:0172-84-2111）

——きゅっきゅっきゅ、と丁寧に固められた雪の階段を一歩一歩踏みしめて登る。

体の中から出ていく空気は、外の冷え切った空気に触ると白くなって散っていく。

どんどんどん。

ここが山間にあるためか、打ち鳴らされる太鼓の音が複雑に反射して幽玄な雰囲気を醸し出していた。

そんな中、参道を進んでいくと徐々に近づいてくる岩谷堂の姿に、周囲の寒さが気にならないぐらい気持ちが昂《たか》ぶってきていた。

「なにをお願いしようかなぁ」

「ちょっと、明里《あかり》！　待ってよ！」

階段の後方から呼びかけられて、思わず振り返る。参道はそれほど広くはないので、完全に立ち止まると邪魔になりそうだ。

なのでちょっとだけ脇の、登ってくる人の邪魔にならない場所に待避した。ゆっくりと進む他の参詣者と一緒に、不安そうな表情を浮かべた見知った顔が登ってくる。

「やっと追いついた！」

「千奈美《ちなみ》ちゃん、どうしたの？」

「どうしたの、じゃないわよ！　会場に着いた瞬間、ろうそく買ってさっさと登りはじめちゃって！　もう、びっくりしたわよ」

「ご、ごめんごめん！　私、大学入る

前に色々やりたいことリスト作ってて、その一つだったんだよ！」

「まあ、来る前の様子からして、すごい楽しみにしていたのは知ってたけど……」

「そうなんだよ！　ここってね、平家の落人っていう伝説があってね！　ろうそくを奉納して次の年が豊作になるかを占ってたんだよ！」

　普段はおっとりしていると言われることが多い私だけど、このときばかりは楽しみすぎて言葉が次々飛び出してくる。

「わかったわかった。でも、はぐれちゃったら危ないじゃない？」

　確かに、それほど広い会場ではないが参詣者の数はとても多いし、みんな厚着をしているので見分けづらい。

　再会するのに手間取るのはよろしくない。

　だって、お祭りを楽しむ時間がそれだけ減ってしまうからだ！

「ごめんね、反省してる」

「まあ、無事に合流できたからヨシとしましょう」

「千奈美ちゃん大好き～！」

「はいはい、なんか奢りなさいよ。暖かい物とか」

「じゃあマタギ汁食べよう！」

「……名物なんでしょうけど、女子大生らしさ……。いや、まあ、あんたらしいわ」

お山参詣（青森県弘前市）

文／梧桐彰
イラスト／C-SHOW

多くの参拝者が御幣や幟を掲げて練り歩く

「さいぎ、さいぎ、と言いながら岩木山を登るんだ」

地元の人に「お山参詣とは何か？」と訊くと、こうした答えが返ってくる。白装束に身を包んで岩木山《いわきやま》神社を目指す大勢の参拝者は、登山囃子《ばやし》が響く中で、確かにそうした掛け声を響かせている。国の重要無形民俗文化財に指定されるこの参詣は、向山《むかいやま》、宵山《よいやま》、朔日山《ついたちやま》と呼ばれる三日間の日程で行われる。

このうち、初日の向山では岩木山百《ひゃく》沢寺光明院《たくじこうみょういん》神社の里宮《さとみや》に参拝し、二日目の宵山では黄金色の御幣《ごへい》や色鮮やかな幟《のぼり》を掲げ練り歩き、最終日の朔日山（旧暦の8月1日に当たる）に参拝者は岩木山の山頂にある奥宮《おくみや》を目指して未明に出発し、山頂に到達して御来光《ごらいこう》を拝む。なお、里宮とは一つの神社が複数の社殿を持っている場合に、山の麓の村里などにある社のことを指す。これに対して、山の頂上にあるのが奥宮である。

参詣が行われる岩木山の標高は1625m。津軽富士《つがるふじ》とも呼ばれる青森県の最高峰で、また美しい成層火山であり、古くから山岳信仰の対象である。山頂には岩木山大神《いわきやまおおかみ》が祀《まつ》られており、地元では敬称をつけて「お岩木さん」などとも呼ばれる。

弘前藩も尊重した鎮守の山と神社

岩木山の山頂は三つの峰に分かれており、弘前側からみた右が巌鬼山《がんきさん》、左が鳥海山《ちょうかいさん》となる。これらは火山活動により生じた外輪山の一部である。江戸時代には弘前藩の鎮守の山とされ、神社への寄進も多かったため、社殿は「奥の日光」と呼ばれるほどの荘厳さがある。

有名な安寿《あんじゅ》と厨子王《ずしおう》の物語では、二人が旅の途中、丹後由良港の山椒大夫《さんしょうだゆう》に売られたとされているが、その後、安寿姫は岩木山の神となったという伝説がある。それ以降、岩木山の神は丹後国の人を忌み嫌うようになったという話も知られている。

岩木山百沢寺光明院神社は真言宗《しんごんしゅう》系の寺院である。祭神は岩木山三所大権現であり、それぞれの祭神とその本地《ほんじ》仏《ぶつ》は岩木山の三峰に対して当てられている。

里宮が百沢と決められたのは古く寛治5年（1091年）とも言われており、それ以前は岩木山の北麓にあったが、神託によって百沢へ移ったのだという。その理由としては、北麓には鬼が住み、その地域が異界や冥界につながっているからというものがある。しかし近世以前の史料は限られており、真相は定かではない部分も多い。

その一方で、近世以降は弘前藩の庇《ひ》護《ご》と関係する史料が多々見られ、たとえば弘前藩は幕末に至るまで何度も百沢寺の再建、修理に尽力していることが分かっている。弘前藩はこの寺に強い思いを持って関わったことが知られており、それは藩内の寺社としては最高の400石を与えられたことからも分かる。

素朴な信仰心を反映した参拝形態

さて、そのような背景を持つ岩木山のお山参詣は、毎年旧暦の8月1日（現在の暦では8月下旬から9月初旬）に行われる例大祭である。多くの人々が五穀豊穣や家内安全を祈願して岩木山に登り、山頂で御来光を拝もうとする。岩木山は水の気を持つ霊山とされているため、愛情、信頼、金運、豊かさなどの水に属する運気を期待される場合が多い。

歴史的に見ると、一般的にこのような習俗では、宿泊などの世話をする御《お》

師《し》などの宗教者が参詣者の組織である「講《こう》」などを作ることが多い。ところがお山参詣ではこれらが無く、村ごとに自主的に参詣者を出すという形を受け継いでいることが大きな特徴となっている。百沢寺や弘前藩自体も積極的な管理をしなかったようで、この祭りは政治的と言うよりも、民衆の素朴な信仰心が強く反映されていると言えよう。

それを裏付けるように、この参詣は地域における通過儀礼としても重要視されている。かつて津軽の男子は若いうちに岩木山に登拝しなければならないと言われており、修練や経験を積むことで一人前と認められるという習慣があった。

二日目の宵山で、黄金色の御幣を掲げ岩木山神社までの道のりを練り歩くお山参詣の参拝者たち（写真提供：弘前市）

祭りの一週間ほど前から参加者は精《しょう》進潔斎《じんけっさい》（身を清め、穢れを避けること）のため、集団で別火（他の家族たちとは別に食事をとる）生活を始め、肉食を断ち、行いをつつしんで身を清める。

参詣の際には「ハヂ来たジャー！」と呼びかけながら奥宮をゆすったり、中にある岩木山神像へ御神酒《おみき》をかけ、持参した餅をこすりつけたりするなどの、かなり荒々しい習慣もあったと言われている。

現在の参詣にもこうした伝統は受け継がれており、山を登るという力強さと関連付けられてか、若さを感じさせる部分が多い。

岩木山の山頂で御来光を拝む

祭りの日、参詣者は登拝の前日までに登山口へ到着するよう、各地を集落ごとに出発する。時期的に、この参詣を終えると秋の収穫になるため、供物《くもつ》には初物のリンゴなどを持っていくことが多い。一緒に幟《のぼり》やカンナ屑を使った巨大な御幣《ごへい》などを持つが、この幟は高さ7m近く、力自慢の若者が高々と掲げる。

集まってからは、先ず岩木山の麓にある岩木山神社へ向かい、山に立ち入る許可と無事を祈る。それから夜を待って深夜3時頃から山に入り、女人禁制時代の名残である姥石《うばいし》、中腹の焼止《やけどまり》、清水が湧く錫丈清水《しゃくじょうしみず》を経て、種蒔苗代《たねまきなえしろ》の池で占いをして、最後には急な御坂を経て山頂の奥宮までおよそ6㎞の道のりを登る。

この登山の時に使われる掛け声が冒頭の「さいぎ、さいぎ」である。これは「懺悔《ざんげ》、懺悔《ざんげ》」のことであり、過去の罪を悔い改めることを意味している。登山時の唱文（祝詞）は正確には次の通りである。

●懺悔懺悔（サイギサイギ）　過去の罪過を悔い改め、神仏に告げ謝すこと

●六根懺悔（ドッコイサイギ）　目・耳・鼻・舌・身・意の六根の迷いを捨てること

●御山八大（オヤマサハツダイ）　観音菩薩・弥勒《みろく》菩薩・文殊菩薩・地蔵観音・普賢《ふげん》菩薩・不動明王・虚空蔵菩薩・金剛夜叉明王のこと

●金剛道者（コウゴウドウサ）　金剛石のように堅く不動である信仰

●一々礼拝（イーツニナノハイ）　八大柱の神仏の礼拝

●無帰命頂礼（ナムキンミョウチョウライ）　神仏に帰依しその意に従うこと

午前4時頃に山頂に到着して御来光を待ち、登拝の報告をしたら、下山時には「いい山かけた朔日山かけた。バダラ、バダラ、バダラヨー」と唱えながら、バダラ踊りを踊りつつ帰路につく。この踊りは登拝を終えた喜びと、岩木山の神霊の力により登拝者たちに神通力が宿ったことを表現する踊りとされている。

三日目の朔日山で、岩木山の山頂にて御来光を拝む参拝者たち（写真提供：弘前市）

開催時期	旧暦8月1日を含む三日間
開催場所	青森県弘前市岩木山
見学の可否	可
一般参加の可否	可
交通アクセス	【公共交通】JR奥羽本線 弘前駅から路線バスで約40分 【車】東北自動車道 大鰐弘前ICからアップルロードを経由して26㎞（約35分）
お問い合わせ	岩木山観光協会 （TEL:0172-83-3000）

「ねえ、本当に行くの？」

横からやけに不安そうな声をかけられた。クラスメイトの弓子だ。

五穀豊穣をお祈りするお山参詣の二日目、宵山《よいやま》と呼ばれる日。「サイギ、サイギ」の唱文を響かせ、幟《のぼり》を持って歩いていた時だった。

「千草、本当に行くの？　朔日山《ついたちやま》」

「そうだって。一度くらい行きたいもん」

朔日山というのは最終日の行事のこと。岩木山の山頂へ御来光を拝みに登るのだ。

「起きるの夜中の3時とかだよ？」

「えんでね」

津軽弁全開で、いいんじゃないのと答える。朝日を見に行くのだから、当然出発は真夜中になる。それなりに覚悟は必要だ。でも決めた気持ちは変わっていない。

「無理だって。体壊すって。次の日デートできないって」

「彼氏とかいないんだけど」

「もしいたら」

「意味わからん。行くのあたしなんだから、あたしの責任でしょ」

「あたし山登り苦手なんだって！」

弓子が必死の形相で言った。なんだ、こいつも行くつもりだったのか。

「あたし行くけど、あんた行くことないでしょ」

「えー、冷たい！　ひどい！」

「無理して合わせろって言う方がひどいと思う……あんたが決めなよ」

「すごい迷ってるの！」

「なんで」

「来ていく服がない」

「遠足のカッコでいけるよ」

「登る根性がない」

「いけるいける」

「やっぱ無理！　行かない！」

「えんでね」

弓子があたしから離れ、また歩き続けた。

幼稚園から一緒だけど、こいつは部活も高校もこのお祭りの参加も、全部あたしにくっついてくる。そろそろ自分のことくらい自分で決めたらどうか……と思う。まあ確かに昨日、ちょっと不安だって言ったけどさ。

そう思っていたら、もう一度弓子がこっちに寄ってきた。

「いや、やっぱ行く、あたし」

「えんでね」

「そんだけ？　大決心したんだよ⁉」

「あたし、あんたのこと好きだよ」

「は？　なに突然？」

ぎょっとして引く弓子を横目に小さく笑う。心配事は減ったのか増えたのか。

まあいいや。行く時、迎えに行ってやろ。

加賀美流騎馬打毬（青森県八戸市）

文／ひびき遊
イラスト／村山慶

朝鮮半島を経由し日本に伝わったポロ

青森県八戸《はちのへ》市、糠塚《ぬかづか》の長者山《ちょうじゃさん》。板橋長治が、主君である源義経の隠れ家を準備したところでもあることから、昔は「長治山」と呼ばれていた。

この地に、藩主の守護・領内の五穀豊穣・無病息災の祈願所として社が建てられ、三社堂または虚空蔵堂と称されていた。それが新羅《しらぎ》神社の始まりとされている。

そんな長者山新羅神社にて行われる古式馬術が、「加賀美流譜伝八戸騎馬打《かがみりゅうふでんはちのへきばだ》毬《きゅう》」である。

神奈川県の鎌倉・鶴岡八幡宮の「流《や》鏑馬《ぶさめ》」や福島県相馬・相馬神社の「野馬《のま》追《おい》」などと並ぶ重要なものとして、昭和46年（1971年）には八戸市の無形民俗文化財、翌47年（1972年）には青森県の無形民俗文化財の指定を受けている。

もともとは八戸藩の八代藩主南部信《のぶ》真《まさ》公が騎馬武術の訓練を目的に、「御家流加賀美馬術」の騎馬八道に打毬を取り入れたものである。文政10年（1827年）に南部藩主の開祖・新羅三郎義光を祀《まつ》る新羅神社改築落成を祝い、その祭典行事にて初めて行ったのが興りとされる。

打毬とは、団体で行う馬術競技であるポロ（polo）とその起源を同じくするものと言われている。発祥は中央アジアにあるペルシャで、西に流れたものがポロとなり、東に流れたものが中国で打毬となった。

古文書の「類集国史巻」第72巻には「弘仁13年（822年）正月、渤海《ぼっかい》国の国使が豊楽殿で打毬を行い、その賭として嵯峨《さが》天皇から棉《わた》200屯を賜った」との記述がある。

また「続日本後紀」では「承和元年（834年）、仁明天皇が武徳殿の庭で四衛府の武者に打毬を行わせらる」ともあり、これらの記録から打毬は、朝鮮半島北部にあった渤海国経由で8〜9世紀頃に日本に伝わったようだ。

打毬はその後、奈良・平安時代には、5月5日の端午の節会（五日節会）に行われる宮中の年中行事となった。現代でも江戸中期の最盛期における様式を、宮内庁の主馬班が保存している。

八代将軍吉宗公が復興した様式を継承

だが、昭和9年（1934年）宮内省主馬寮編の「打毬ノ由来」には、「鎌倉時代以降、打ち続く戦乱のため、また経済的理由により年中公事は簡略となり、ついには中止される」と書かれている。

このように、日本における打毬の歴史は一時期、途絶えていたのだ。

それが復活した記録もまた「打毬ノ由来」や、昭和15年（1940年）日本乗馬協会編「日本馬術史」に書かれてある。

馬に跨り加賀美流騎馬打毬の試合に臨む赤軍の騎馬武者たち（写真提供：八戸騎馬打毬会）

「徳川八代将軍吉宗の奨励により、馬上武技の演練として幕府直臣はじめ諸侯の間にも行われるようになった。競技法も平安朝期の再現でなく、文化、文政、天保年間頃のものが現在の競技法の原型と見られる。十一代将軍家斉《いえなり》、十二代将軍家慶《いえよし》の時代は打毬の黄金時代であった」

八代将軍徳川吉宗公が武技として推奨したおかげで、諸藩においても盛んに行われるようになったのだ。南部信真公による「御家流加賀美馬術」への打毬の取り込みも、その流れを受けてのものだろう。

　しかし現在まで打毬を継承するのは、全国でもわずか三つとなっている。前述した宮内庁と山形県豊烈神社、そして青森県八戸市の新羅神社である。その中でも新羅神社の加賀美流諸伝八戸騎馬打毬だけが、吉宗公の復興した当初の様式のまま継承されている。

　終戦の年（1945年）やコロナ禍での近年の中止を除き、190年以上の長きにわたり奉納が続けられてきた。戦後は日程の変更もあったが、現在は八戸三社大祭の中日（8月2日）に毎年行われている。

加賀美流騎馬打毬の試合の様子。騎馬武者には馬上の体勢の維持、毬杖の扱いなどの高度な技術が求められる（写真提供：青森県観光国際交流機構）

加賀美流騎馬打毬の様式と試合方式

　新羅神社の境内「桜の馬場」は、南部信真公が打毬専用として開設したものだ。そこに「素襖《すおう》」などの武家装束を身にまとった騎馬武者が、和鞍《わぐら》をつけた馬に跨《また》がり現れる。

　騎馬武者たちは頭にそれぞれ紅白の傘をかぶっており、8人（8騎）が赤軍と白軍に4騎ずつ分かれ、先端に網が付いた「毬杖《きゅうじょう》」を持つ。その毬杖で狙うのは、あらかじめ地上に置かれていた紅白四つずつの毬だ。

　試合方式は4点先取の3試合。全長が四十五間（約81m）に及ぶ広いフィールドで馬を走らせ毬杖を操り、「オー！」というかけ声とともに自軍の色の毬門《きゅうもん》へと、すくい上げた毬を投げる。竹を組んで作られた毬門の中にノーバウンドで毬を入れると得点だ。バウンドしたものは無効となる。赤軍が得点した場合には鐘が、白軍が得点した場合には太鼓が鳴らされる。

　このときの、両軍入り乱れての激闘は見物だ。馬を御し、馬場を回る騎馬武者の姿はまさに合戦そのもの。

　毬を投げ放つだけでなく、両軍が1点獲得すると妨害が可能となる。相手の毬を遠くへ飛ばしたり、毬杖を使って邪魔をすることが認められている。ただし背後からの攻撃や、人や馬を叩く行為は禁止だ。杖と杖とのぶつかり合いが見所である。

　また団体戦であるため、戦術の駆け引きもある。あえて囮《おとり》役を引き受けるなど、自軍の勝利のために一丸となって戦うのだ。

　ときに砂煙を上げる人馬一体のその攻防に、観客たちは沸き上がる。

　勝利したチームは勝ち鬨《どき》をあげ、意気揚々と陣地に戻る。負けた側は下馬をして草履《ぞうり》を脱ぎ、歩いて戻ってくることになる。

　どちらも本気で戦うからこその、伝統だ。

　また、習熟した騎馬武者には、古くは八戸藩の一部の騎士にのみ贈られた、免許皆伝の書状が与えられる。

伝統を受け継ぐ者たち

　騎馬武者が騎乗する馬は、すべて北海道和種である。衣装や馬具も古式に則った方式で開催されている。しかし、このコロナ禍で中止の続いた中、馬2頭が死んでしまった。そのため令和5年（2023年）の祭事では、規模を縮小して6騎で行われた。これは馬の調教自体にも2〜3年は必要だからだ。

　また、騎士の育成も途切れてしまった。杖に載せた毬をこぼさずに遠心力で運ぶ熟練の技、馬上での体勢の維持など、高度なテクニックが求められるからだ。以前の状況に戻るには時間がかかるという。

　一方で、試合の合間には八戸市の向《こう》陵《りょう》高校の生徒8人が登場した。彼らは馬を使わずにゴールを狙う「徒《かち》打毬」を披露した。こちらもコロナ禍で3年間も中止されていたため経験者が卒業してしまい、継承に苦しんだ。それでも生徒有志により、伝統が続けられることになった。

　その中から、新たな騎馬武者が生まれるかもしれない。

開催時期 毎年8月2日
開催場所 青森県八戸市
長者山新羅神社の境内
見学の可否 可
一般参加の可否 不可
交通アクセス 【公共交通】①JR八戸駅からタクシーで約20分、②JR八戸線 本八戸駅から徒歩で約20分
【車】八戸自動車道八戸ICから県道29号、国道340号を経由して約6km（約15分）
お問い合わせ 長者山新羅神社
（TEL:0178-22-1769）

「打毬の馬は北海道からわざわざ、づれてきでらんだ」

競馬好きの父がそんなことを言いながら、馬が出るというお祭りに娘のなぎさを連れてきた。馬が走るという境内までやってきたが、そこは舗装もされていない広場だった。中学の女子サッカー部にいるなぎさからすると、もっと芝生でも生えてればな、という印象だったが。

（でもそろそろ、サッカーも引退だなあ）

すでに中3の8月頭だ。高校への進学を考えなくちゃいけない。だが近隣の高校には女子のサッカー部なんてない。ボールを追いかけるのは好きだが、これを機に辞めることになるだろう。そんなことで悩む一人娘を、父親としてはどう思っているのやら。

「ほれ、始まるじゃ」

カンッ！　カンッ！　カンッ！　カンッ！

鐘の音が鳴り響くと、集まった見物客が見守る中、馬に乗った武者たちが現れた。どうやら紅白のチームに分かれているらしい。全部で6騎――その手には何やらラケットのようなものを持っている。ん、ん？　と何も知らないなぎさは目を見張る。

「あれって？」

ぜんぜん興味がなかったので、ちゃ

んと父の話を聞いていなかったのだ。

　すると試合が始まった。地面に転がされていた毬を、騎手が馬上からラケットを使い取り合う！　ががっ！　がつん！　がっ！　ラケットどうしが衝突し、馬が駆け、土煙があがる！　その迫力に、わっと歓声があふれた。

「……すごいっ」

　なぎさも食い入るように見てしまう。

　躍動する馬も、見事だ。たくましく、力強く、背中の騎手を支えて走る。

「こいが八戸の騎馬打毬よ」

　父は誇らしげに言った。

「この伝統を途絶えさせねだめに、近ぐの牧場で人も馬も育ででらんだ」

「ふぅん……」

「そこの向陵高校ばって、馬使わね打毬やってらおん」

　高校で？　なぎさははっとさせられる。もしかして娘の進路を気にして、ここにつれてきたのだろうか？

　いいや、単に馬が好きなだけだろう。側で父は、入り乱れる合戦の様子に夢中だった。

　でも少し、面白そうかも――と思いながら、なぎさも毬の行方にしばし、息を呑むのだった。

※加賀美流騎馬打毬は神事としての習わしを受け継ぎ、現在も騎馬武者としての女性の参加が許されていません。

チャグチャグ馬コ（岩手県盛岡市／滝沢市）

文／梧桐彰
イラスト／山本七式
（協力：柏原麻実）

二つの市にまたがり行われる大イベント

岩手の桐《きり》で作られた郷土玩具に「チャグチャグ馬コ」といわれるものがある。鮮やかな衣装と鈴をつけた馬の木製細工であり、昭和20年代頃から盛岡を中心に広まった手仕事である。読者の家にもこれらの地域に縁者がいれば、一つくらいは目にしたことがあるかもしれない。

岩手山を背景に田園地域のあぜ道を進むチャグチャグ馬コの行列
（写真提供：公益財団法人 岩手県観光協会）

岩手県にはこうした馬にちなんだ玩具が多く、これ以外にも、源平合戦の宇治川の先陣争いで佐々木四郎高綱を乗せた生月《いけづき》にちなんだ「先陣駒」や、馬の首に鈴や布帯を巻きつけた「忍び駒」などが知られている。

このチャグチャグ馬コという語は、岩手県盛岡市の西側、岩手山の山麓に伝わる伝統行事に由来している。ここの鬼越蒼前《おにこしそうぜん》神社に息災延命を祈願して参拝する行事の名前が「チャグチャグ馬コ」であり、馬の働きに感謝する祭事だ。

２００年以上の歴史を持つこの行事は、現在は毎年6月の第2土曜日になると、50～60頭の着飾られた馬と２００人の人々が滝沢市の鬼越蒼前神社に集まり、盛岡市の盛岡八幡宮までの約14kmを4時間半かけて行進するというものとなっている。約10万人を超える観光客で賑わう大きなイベントである。

農耕に欠かせない馬に感謝を捧げる行事

岩手と馬の歴史を紐解いてみると、その古い記述は古墳時代、欽明《きんめい》天皇の治世下で須賀公古麻比留《すがのきみこまひる》が馬10頭を献上したという話にまでさかのぼる。また、奈良時代以降の蝦夷《えぞ》の反乱も、朝廷が東北地方の馬の価値を理解していたことと関わっているとされる。

鎌倉時代になると武家政権の性質的に馬が重要視され、奥州藤原氏の滅亡後に幕府から派遣された武士が軍馬の育成を始めた。また甲斐《かい》の南部氏により軍馬である南部駒《なんぶごま》が生まれた。ここに牛馬を用いた農耕が伝わってきたことで、あらゆる面で馬と人が深いつながりをもつようになっていった。

住まいもこの影響で変化し、南部曲り屋とよばれる家が生まれた。この建築は土間を挟んだL字型をしており、母屋の暖気が厩《うまや》に送られる構造となっており、人と馬が一緒に寝起きをするための形となっている。

このような背景から、チャグチャグ馬コは農民と馬との関わりをテーマとする行事として始まったのである。元々は旧暦の端午《たんご》の節句のもので、この時期は農作業の繁忙期にあたり疲れがたまる時期のため、休日を定めて馬の守り神である蒼前神社へ馬と一緒に参拝し、労わるという習慣が元になっている。これが広まり、寛政期には大名行列の装束を馬に着せる飼い主もあらわれた。

神社に集まり参拝して馬に感謝を捧げる行事が、盛岡まで行列するようになったのは昭和5年（１９３０年）のことである。この年に馬好きで知られる秩父宮殿下が岩手にご来県された際、蒼前神社参詣後に八幡宮の神前馬場へと進む行列をお見せしたところ好評で、以来この行進が恒例となった。

戦後も伝統行事として継続し、開催も新暦に合わせられ、昭和53年（1978年）には文化庁から記録作成等の措置を講ずべき無形の民俗文化財として選定されている。現在は岩手の初夏を彩る伝統行事として全国から観光客が訪れるようになった。

行事を特徴づける馬に着せる装束と飾り

行事の最大の特徴は、やはり馬の着る小荷駄《こにだ》装束《しょうぞく》である。小荷駄とは参勤交代で江戸に上る大名たちが行列の後尾に従えた輸送馬隊のことで、献上品などを運ぶ馬を綺麗に飾るという習慣からきている。

装束は鼻かくし、まびさし、耳袋、首よろい、胸がい、腹あて、尻がい、結い上げ、吹き流し、二布ぶとん、鳴り輪、そして700個もの小鈴などで構成されており、全身が鮮やかに彩られる。チャグチャグ馬コという行事の名前は、馬が歩くたびに鳴るこれらの音に由来しており、この鈴の音は環境庁の「残したい日本の音風景100選」にも選ばれている。

衣装や飾りは農作業が落ち着く冬場に地元の人々の手仕事によって作られる。その生地には馬の汗に強い麻素材が、染めには紫紺《しこん》や草木などその土地古来の染料が用いられ、家ごとに趣向が凝らされている。豪華なものになると総練り絹を使う場合もある。

行事の当日、参加する家々では5時頃から装束をつける作業が始まる。量が多く手順も多岐にわたるため、1頭あたり数人が担当して少しずつ飾りをつけていくことになる。まずは耳袋、次に鞍《くら》を取り付け、各装束がつけられた後に首にドーナツの形をした鳴り輪が下げられる。これはオオカミよけの名残であり、広い場所であれば4km四方に鳴り響くといわれている。続いて鼻かくし、手綱、垂れ幕をつける。

準備が済むと、人々は馬の歩調に合わせて蒼前神社へと向かう。こちらにも早朝から人が集まっており、神社の境内にはかつて絵馬を奉納していた名残か、絵馬屋などもやって来ていた。観衆に親しみを持ってもらうため、昭和の中頃から騎乗するのは着飾った女性や子供となった。

岩手山を背景として初夏の緑の中を進む

神社へ次々に参拝し、五穀豊穣、無病息災などを祈願してから馬を集めると、いよいよ出発となる。行列は田園のあぜ道を、岩手山を背景として、初夏の鮮やかな緑の中を鈴の音を鳴らして進む。最近は60頭程が参加するのだが、かつては3000頭が参加していた時期もあるという。

田園地域を過ぎると町中の行列となる。盛岡城跡公園に到着する頃には4時間近く歩くことになるため、乗り手にも馬にも疲れが見え始める。八幡宮につくと、馬につけた装束はようやく一つずつ外され、休息となる。

宮沢賢治はこの行列を「ちゃんがちゃがうまこ」という詩に読み、長く後世に伝えている。

夜明げには
まだ間あるのに
下のはし
ちゃんがちゃがうまこ見さ出はたひと。
ほんのぴゃこ
夜明げがゞった雲のいろ
ちゃんがちゃがうまこ　橋渡て來る。
（後略）

チャグチャグ馬コのような馬が主役の伝統行事は世界的にもほとんど例がなく、文化人類学や民俗学の分野でも「馬事文化」として注目されている。古くから馬の産地として南部曲り屋の下で家族として馬を扱ってきた地域ならではの特長であると言えよう。

農耕馬を飼育する家は少なくなったが、チャグチャグ馬コのために馬を飼う家もあり、今もなおこの行事が親しまれ、続けられていることが分かる。

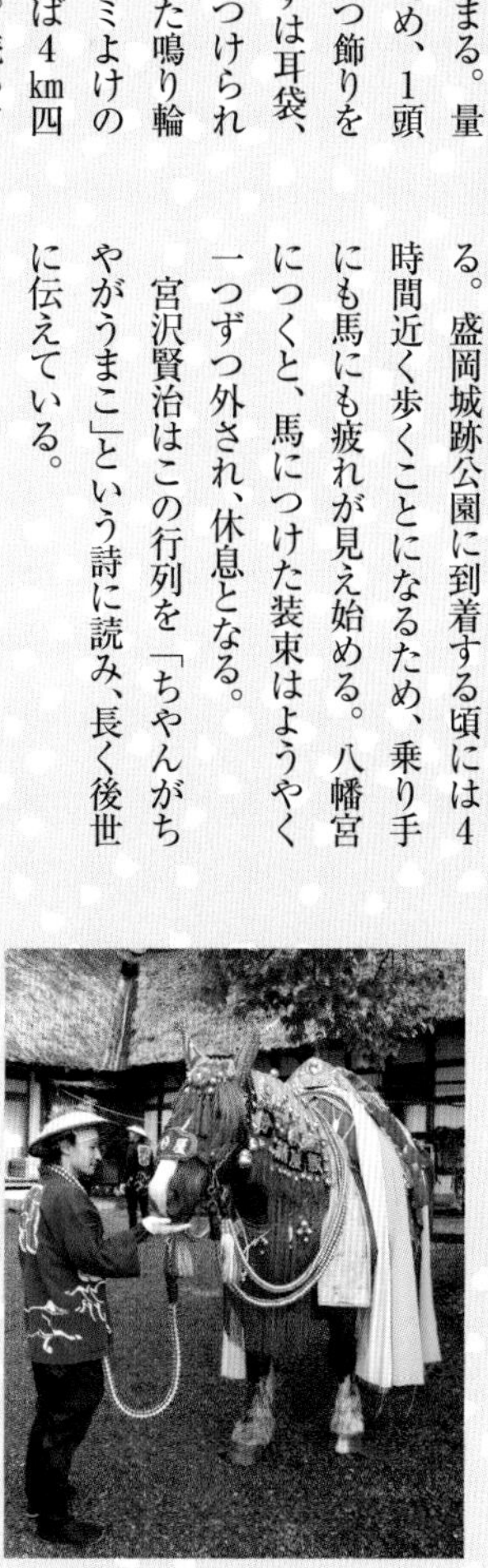

色鮮やかな小荷駄装束をまとったチャグチャグ馬コに参加する馬（写真提供：公益財団法人 岩手県観光協会）

公式サイト	https://chaguuma.com
開催時期	毎年6月第2土曜日
開催場所	滝沢市鬼越蒼前神社 ～盛岡市八幡宮
見学の可否	可
一般参加の可否	原則不可
交通アクセス	（鬼越蒼前神社まで） 【公共交通】JR盛岡駅から岩手県交通のバスで約25分 【車】東北縦貫自動車道 盛岡ICから県道16号線を経由して約15分
お問い合わせ	チャグチャグ馬コ保存会事務局 （TEL:019-613-8391）

「まこは泣かん子だなあ」

おじいちゃんはいつもそう言う。チャグチャグ馬コのお祭りの朝も、息吹《いぶき》の全身に装束を着せながらそう笑った。

「泣かないと変かな？」

あたしは大きな石の上にあぐらをかくと、ぶすっとして言った。額には大きなたんこぶ。ついさっき馬房を掃除していた時に、息吹にいきなりドカンと背中をどつかれたせいだ。

「いやいや、変じゃねえけどさ」

おじいちゃんは息吹の首に鳴り輪を付け終えて、一度、シャランと鳴らした。

「濡れた地面をごろごろ転がってったんだもん。そりゃ泣くって思うべよ」

息吹もひょいとおじいちゃんの頭越しにあたしを見る。あたしは息吹にあっかんべーする。

「まこは小さい頃から、息吹に泣かされたこと一度もなかったなあ」

「息吹は生まれた時から知ってるもん」

「にしたって、まこは特別だ。２歳のときによ――」

「チャグチャグ馬コで初めて息吹に乗って、神社から盛岡までずっと寝てて一度も泣かなかったんでしょ」

「言ったことあったか」

「１００回くらい聞いた。おじいち

やんからは50回くらい」

「そりゃあ多いな」

笑いながらテキパキと衣装を着け終えて、乗れや、とおじいちゃんが鞍《くら》を叩く。組んでもらったおじいちゃんの手に右足、あぶみに左足。鞍につかまって、ひょいっと上に。

地面がずーっと下に見える。遠くには、てっぺんだけ雪をかぶった岩手山。麓の大きな岩にイワカガミが見える。

これから4時間、息吹とずっといっしょだ。

泣いたりするわけない。

こんなに遠くまで見える。こんなにきれいな格好ができる。

それに、ケンカしたって、大好きな息吹といられるんだから。

乗り手になるのは今年で最後だけど、ずっと一緒にいたい。

馬の寿命は人間よりずっと短いっていうけど、息吹は絶対に死んだりしない。

「なんだまこ、いまさら泣いてんのか」

「泣いてないよ」

「そうか？」

「そうだよ」

泣いたりしないよ。

楽しい日だもん。

ずっと笑顔で、息吹といっしょに行くんだ。

オシラサマ（岩手県遠野市など）

文／阿羅本景
イラスト／宇野草壁

微妙に異なる名前で東北各地に偏在

岩手県内陸部の遠野市は、江戸時代には遠野南部氏の城下町として栄えた町である。南北は盛岡藩と仙台藩の間に位置し、東西には三陸海岸の石巻と内陸の花巻を繋ぐ諸街道の結節点であった遠野は、古来より商業が盛んであった。

その遠野を一躍有名にしたのは、明治時代の柳田國男《くにお》の著書『遠野物語』である。遠野には東北各地の言い伝えや噂話が集まり、冬の間の娯楽としてそれらを語り合う文化が、この地を民話・伝承の一大集積地とした。

当地の民話研究家である佐々木喜善が蒐集し、柳田國男が筆記、編纂したこの民話集は、河童《かっぱ》・座敷童子《ざしきわらし》・山人《やまど》・マヨイガといった神話と妖怪の郷里として遠野の名を広く周知させることになった。

遠野市の祭事で広く知られるものとしては、毎年9月の第3土・日曜日に市中で行われる最大の祭り「遠野まつり」がある。遠野の代表的な民俗芸能である「しし踊り」や田植え踊り、南部囃《なんぶはやし》など様々な舞踏が市内で披露される。最終日には南部流鏑馬《やぶさめ》が市内の八幡宮で行われ、観光客も多く訪れる華やかな祭事である。

もう一つ遠野で有名なのは、オシラ遊びという祭事である。こちらは遠野まつりと対照的に、市内一部の旧家内で行われるごく内向きでローカルな行事だ。その祭神である「オシラサマ」の伝承が『遠野物語』によって広まったことから、全国に存在を知られることとなった。

オシラ遊びの起源は明確ではない。さらに言えば、遠野だけでなく東北各地に偏在する祭事であり、山形県ではオコナイサマ、福島県ではオシンメサマと呼ばれており、青森県ではイタコの祭事の一部とされている。これらの祭事には、共通する伝承や類似する祭神・行事の形式などが見られる。

オシラ遊びの神体となるオシラサマ、オシラ神は高さ約30㎝の人形である。桑や竹、杉の木に男神・女神や馬と娘の顔を彫った二体一組のオシラサマが主に祀《まつ》られているが、6体～7体組という多数型のオシラサマも存在する。

オシラサマが祀られているのは神社仏閣ではなく、市内で60戸前後の「大同」と呼ばれる旧家である。この旧家にはオシラサマを祀る一畳ほどの小部屋があり、そこで眠ると様々な怪異が起こると言い伝えられている。

遠野の繁栄を支えた馬や蚕との関わり

オシラサマがどのような性格の神であるのかは、各戸によってまちまちである。「オシラ祭文」という起源譚《きげんたん》が伝わる家では、主に養蚕《ようさん》の神とされている。

今に伝わる「オシラ祭文」は、主に次のような内容である。

オシラサマの多くは直径2～3㎝、高さ30㎝程の芯木（御神体）に着物を着せたもので、基本は2体一組。芯木の先端には馬や娘の顔などが彫られている
（写真提供：遠野市観光協会）

あるところに名馬の美しさに恋をした観音菩薩の申し子である姫がいた。姫と馬は惹かれ合うが、馬の飼い主である長者はその仲を認めず、馬を殺して皮を晒《さら》してしまう。それを知った姫は悲嘆に暮れ、馬の皮に身を包んで天に昇った。その後に姫と名馬は白い繭《まゆ》を持つ黒い虫、すなわちカイゴガに生まれ変わった。ゆえに悲恋の二人をオシラサマ、すなわち養蚕の守り神として祀ることになったというものである。

また祭文のバリエーションの中には、姫は刎《は》ねられた馬の首に乗って天に戻った、悲嘆に暮れる娘の親に、姫が天から蚕を桑の葉で飼い、絹糸を紡ぐことを教えたとする内容もある。

遠野の繁栄を支えた「駄賃附け」が馬の運送業であることや、岩手では農家の兼業として養蚕業が盛んであったことなどが馬娘婚姻譚を主とする「オシラ祭文」の成立に影響したと考えられる。

しかし、これがオシラサマ伝承のすべてではなく、他にも「お知らせ神」からオシラ神、すなわち託宣の神であるとしたり、田植えを助ける神であったり、目の病を癒《いや》す神であったりもするし、子供と遊ぶ神ともされていることもある。

また、なぜオシラサマを祀ることになったのかという来歴もまちまちであるし、何代前から始まったのかも不明瞭だ。それだけ、オシラサマは東北に伝わる神秘が学問によって編集される前の、手つかずの原形を保っているとも言えるのである。

遠野市の伝承園では約千体ものオシラサマが展示されている
（写真提供：公益財団法人 岩手県観光協会）

オシラサマを祀るオシラ遊びとは？

オシラ遊びが行われるのは年に1～3回、時期は1月16日、3月16日、9月16日が多い。他にも8月16日の盆や10月16日の十月仏《まいりのほとけ》といった仏教祭事と合わせて行う家もある。

オシラ遊びを行うのは、旧家の主婦を中心として親戚・近隣主婦や子供といったごく身内の家内集団である。男性中心の組中《くみじゅう》や講中《こうじゅう》といった組織ではなく、参列者が女性のみに限られることも特徴だ。

オシラ遊びの当日、まず準備として旧家の主婦は小部屋や仏壇・神棚に仕舞われていたオシラサマを祭壇に祀り、お供え餅・煮染め・小豆団子・お酒などの供え物をし、線香や蝋燭《ろうそく》を立てる。そして「オセンダク」と呼ばれる布を用意する。

祭りの昼、集まった身内の参列者は餅や米などを持参して祭壇のオシラサマを拝む。そして「オセンダク」をオシラサマに着せるのである。オシラサマの顔に白粉《おしろい》など化粧することもある。

オシラサマは子供と遊ぶのが好きな神とされていることが多いので、参列者に子供がいれば手に持たせたり背負わせたりして遊ばせる。また、参列者の女性が子供をあやすように持って遊ばせることがある。その祭に各戸に伝わるオシラ祭文を唱える事もあるという。

かつてはイタコ（巫女）を読んで祭礼を行う家もあった。この場合はイタコが両手にオシラサマを持ち、般若心経やオシラ祭文を唱えながら揺り動かし、自らに憑依《ひょうい》させた後にパタリと止める儀式「オシラボロギ」が行われた。その後、参列者はオシラサマが憑《つ》いたイタコにその年の豊凶、家の新築の方角、縁談、病の快癒、特に眼病に関する願いを掛けたという。

イタコのいない今日のオシラ遊びの祭礼でも、オシラサマを遊ばせた人にはオシラサマが憑くので、その人の前で様々な願い事や一族の加護を頼む儀式もあると言われる。

現在もオシラ遊びの祭事は行われているが、家によっては親族内の秘事として祭事を外部に公開しない意向もあり、メディアに儀式の詳細を開かすことを忌避する傾向もあるために未解明の側面が多い。

オシラサマを見たい観光客向けに、遠野市の伝承園にある御蚕神堂《おしらどう》がある。ここには約千体のオシラサマが展示されており、願い事を書いた紙のオセンダクを着せるという祭事が行われている。

開催時期	毎年1月、3月、9月の16日
開催場所	岩手県遠野市ほか
見学の可否	不可
一般参加の可否	不可
交通アクセス	（伝承園まで） 【公共交通】JR釜石線 遠野駅から早池峰バスで約25分 【車】①釜石自動車道 宮守ICから約30分、②東北自動車道 北上ICから国道107号線を経由して約1時間
お問い合わせ	遠野市観光協会 （TEL:0198-62-1333）

「これが本物のオシラサマ……」

おそるおそる、といった手つきで純子はオシラサマを持ち上げる。

それは綺麗な布を着物のように巻き付けた人形、に見えなくもない。ただ雛人形《ひなにんぎょう》と異なるのは、筆で書かれた綺麗な頭ではなく、無骨で荒削りな木の首が生えていることだった。

「うわぁ……私が触ってもいいの？ 本当に？」

純子は友人の美佐恵に語りかける。

「ネットとかでは、なにやら因縁深くて怖いオカルトアイテムっぽく扱われるんだよねぇ」

美佐恵はオセンダク――オシラサマに着せる布を手にして、苦笑する。

「『恐ろしすぎる禁忌《きんき》の神！ 東北のオシラサマ！』とかタイトルを付けられて動画にされて。まぁ、その方が視聴数を稼げるのは分かるんだけどー」

「あ、こっちに来る前にちょっとだけ観た……」

純子が申し訳なさそうな顔をして呟く。美佐恵は軽く笑う。

「怖いものかなぁ？ ちっちゃい頃は『あー、うちのひな祭りって東京とかとはちょっと違うんだー』くらいに思ってたんだけどねぇ」

「私もまさか、美佐恵の家がオシラサマの家柄だって知らなかったから……でも」

座敷の中でオセンダクを纏って並ぶオシラサマ達を見て、純子がまた申し訳なさそうな顔をする。

「いいの？　部外者の私が入れてもらって？」

「おばーちゃんもおかーさんも、いいって言ってくれたから。同じ遠野でもこういうの、家によるからねぇ」

美佐恵が座る位置を直し、オシラサマに向かい合う。

「巫女《みこ》さん呼んでご近所・親戚一同が集まって、な昔ならまだしも、うちは今では身内で細々とって感じだし」

純子をちらっと見て、口元を笑みで緩ませた。

「それに子供と遊ぶのが好きな神様だから、純子が来てくれたのはウェルカムなんじゃないかなぁ？」

「私はまだまだ子供っぽいと――」

そうなんですかぁねぇオシラサマー？　と純子は問いかける。

カカカカ、とオシラサマが笑い、身体を揺すった。いや、笑うように純子が手で揺すったのだった。

美佐恵も笑いながら言う。

「お、遊ばせ方が上手いねぇ、その調子で他のオシラサマたちとも遊んでいってね」

鬼剣舞（岩手県北上市など）

文／岩田和義、寺田とものり（共にＴＥＡＳ事務所）
イラスト／高菜しんの

鬼の如き面を被り踊る 岩手県内の民俗芸能

東北新幹線の車窓に揺られながら左の窓を見ていると、雄大に流れる東北の大河、北上川《きたかみがわ》の向こうに、ノコギリのように高峰をならべた連山が見えてくる。東北の背骨、奥羽《おうう》山脈だ。

列車の速度が緩み、奥羽山脈に降り注いだ雨水がつくりあげた和賀川を橋で越えると、そこは北上駅。南北に細長い北上盆地のど真ん中に位置する、岩手県北上市の中心駅である。

「北上・みちのく芸能まつり」にて駅前大通りで披露された鬼剣舞
（写真提供：公益財団法人 岩手県観光協会）

夏でもときに冷たい風が吹くこの地には、「鬼剣舞《おにけんばい》」と呼ばれる民俗芸能が伝承されている。演目により1～8人の踊り手が、憤怒の形相をうかべた面をかぶって、ときに扇を、ときに刀を使いながら勇壮に舞う。岩手県内の民俗芸能のなかでも特に知名度が高く、ユネスコの文化遺産にも登録されている。

鬼剣舞の発祥は、修験道の開祖で多くの伝承を持つ8世紀の人物「役小角《えんのおづぬ》」が踊った「念仏踊り」に始まるとも、出羽国羽黒山の修験山伏によって広められたともいわれるが、どれが本当の起源かは今となっては分からない。

北上周辺には念仏踊りから影響を受けたと思われる「念仏剣舞」という民俗芸能が広く伝わっている。そのなかでも、いかめしい面をかぶって踊るものを「鬼剣舞」と通称しているのだ。

鬼剣舞は、正式には盆の精霊供養のための踊りで、衆生済度《しゅじょうさいど》、悪魔退散、天下太平の願いが込められている。踊り手は鬼のような形相の面をかぶっているが、この面は悪魔を降伏させ人々を救済する仏の「明王」を表すといわれている。そのため面には、鬼の面につきものである「角」がない。

鬼剣舞の踊り方は、基本的に8人の踊り手が一組となり、リーダー格の一人が白い面を、残りの7人は青、赤、黒、緑の面を付ける。さらに頭には馬のたてがみから作った「采《ざい》」というかぶりものをつけ、鎖帷子《くさりかたびら》、胸当て、手甲を身につけ、揃いの衣装をまとった姿は勇ましい。彼ら鬼面の踊り手は「イカモノ」と呼ばれ、鬼剣舞の主役である。笛や太鼓などの囃子《はやし》の音が響き、「南無阿《なむあ》弥陀仏《みだぶつ》」の念仏が独特の節で唱えられるなか、数名のイカモノが様々な演目を披露する。

また、黄色い「ひょっとこ」のようなとぼけた面をつけた「カッカタ」と呼ばれる踊り手もいる。勇壮なイカモノとは異なり、「金剛杖」と呼ばれる2本の赤い棒を使って、ひょうきんな舞を踊る。

彼ら踊り手たちが演じる「鬼剣舞」の演目は、流派によって異なるが12～18種類もある。格調の高い演目もあれば、刀を激しく交差させる演目、手に持つ刀を1本ずつ増やしながら、最終的には7本の刀を手に持ち、さらに1本の刀を口で咥えて宙返りするような曲芸色の強い演目もある。

そして大地を踏みしめ悪霊を退散させる所作「ヘンバイ」を繰り返す踊りは、ゆったりとしているが体力的負担が大きいと一目で分かるものだ。

受け継がれる秘伝書と盛んな後継者の育成

鬼剣舞は非常に迫力があって見ていて楽しめる反面、踊り手の現役年齢は30代後半までと短い。現役を退いた踊り手は演奏などの裏方に回ることも多いが、常に若く新しい踊り手を鍛え続けなければ、鬼剣舞の伝承は途絶えてしまうのである。

そのためか、鬼剣舞の継承は非常に熱心に行われてきた。

鬼剣舞の団体は「踊組《おどりぐみ》」といい、その頭領を「庭元《にわもと》」という。鬼剣舞の踊組には必ず由来や儀式について記された秘伝書があり、庭元は秘伝書を守り伝えながら古来の踊りを受け継いできた。

踊組は熱心な団体に秘伝を伝えることがあり、秘伝を受けた新しい踊組は、教わった踊組の弟子団体となる。現存するなかで最古の踊組は「岩崎鬼剣舞」であり、その秘伝書「念佛剣舞傳《ねんぶつけんばいでん》」は江戸時代中期の享保17年（1732年）に書かれている。現存する踊組は皆、岩崎鬼剣舞から秘伝を受けた弟子団体、あるいは孫団体だ。

鬼剣舞の秘伝書は、師匠と弟子の間で極秘に受け継がれてきたが、昭和52年（1977年）、岩崎鬼剣舞では作法の保存と後継者育成のため、これまで秘密とされてきた奥義の伝授式を一般に公開した。

現在、北上市内の鬼剣舞は13団体が活動している。他県からも鬼剣舞に魅せられた人が弟子入りし、東京や京都、札幌などで団体を組織し活動中だというから、人々の心を射止めてやまない鬼剣舞の魅力には驚かされる。

若者への普及にも熱心であり、幼児から高校生までの子供たちが鬼剣舞に取り組んでいるほか、女性だけで演じる鬼剣舞の団体も活動している。古くから守ってきた民俗芸能を、地域全体で継承していこうという熱意が、北上地方にはいまも消えずに残っているわけだ。

全ての演目を通しで見られるイベントも

そんな鬼剣舞を生で見たいと思うなら、もっともお勧めできるのは、毎年8月の第1土曜日から3日間にわたって開催される「北上・みちのく芸能まつり」がおすすめだ。

このイベントでは、北上駅の駅前大通りで鬼剣舞を舞う姿を楽しめるほか、北上市の文化交流センター「さくらホール」では、鬼剣舞の踊組が集い、全演目をリレー方式で演じる有料の公演も行われる。鬼剣舞の演目を全部通しで見られる機会は極めて少ないため、貴重な体験となるだろう。

鬼剣舞は、盆の先祖供養や神社の祭りに奉納されるが、これ以外でも公演が行われている。「北上市立鬼の館」では年に13回程度、「郷土芸能居酒屋 鬼剣舞」では週に1回のペースで公演が行われている。東北地方他県のお祭りに招待されて鬼剣舞を披露することも多いようだ。

また、公式X（旧twitter）で公演予定を発信している「踊組」もあるので、公演予定を調べて来訪したい。

厳しい北国の人々が、生活と心の安寧を願って踊り継いできた鬼剣舞は、きっとあなたの心にも小さくない衝撃を与えることだろう。

鬼剣舞の面の色は数種類あるが、白い面を被ることができるのはリーダー格の踊り手のみだ（写真提供：公益財団法人 岩手県観光協会）

「北上・みちのく芸能まつり」の期間中に「さくらホール」で催される公演では、鬼剣舞の全演目を通しで見ることができる（写真提供：北上観光コンベンション協会）

開催時期	毎年8月の第1土曜日を挟んだ3日間（北上・みちのく芸能まつり）
開催場所	岩手県北上市
見学の可否	可
一般参加の可否	不可
交通アクセス	【公共交通】①JR北上駅から徒歩で約1分（おまつり広場）、②JR北上駅から約3km（さくらホール） 【車】東北自動車道 北上江釣子ICより約3km（約10分）
お問い合わせ	北上観光コンベンション協会（TEL:0197-65-0300）

——いつか白いお面をかぶって踊ることが目標なのだよ！

幼なじみの真奈実からメッセージが届いたのは、先月のことだった。

わたしたち三人は、同じ町で生まれて同じ町で育ったのだけど、真奈実はお父さんの転勤でほんの数年前に転校してしまったのだった。

あれから四年。大学生になったわたしたちは、真奈実の誘いで、彼女の住む岩手県は北上までやってきた、というわけだ。

「玲奈《れな》、ハルカ、おひさー」

駅でわたしたちを出迎えたのは、手拭いで髪をまとめた真奈実だった。

なんかいかにも、これからお祭りで踊るんだっ！　ていう感じがする。

「真奈実、元気そー」

地元から来たもう一人の幼なじみが、嬉しそうに真奈実に抱きつく。

「はいはい、ハルカ離れる。で、いいの真奈実？　これから鬼なんとか、踊るんでしょ？」

「鬼剣舞、ね」

てっきり『おにけんぶ』だと思っていたら、『おにけんばい』って読むらしい。

難しいけど、いかにも郷土の芸能っぽくてかっこいい響きだ。

「うん、みんな準備してるけど、あんたら迎えるために、ちょっとだけ抜けてきた」

「たいへんだねー」

　あのねハルカ……忙しい中来てくれてるのは、見ればわかるよね？

「そういえば、白いお面って？」

　ほんの少しの地元トーク。その中でハルカが、真奈実のくれた手紙の『白いお面』について聞いた。

　それ、わたしも気になってた。

「剣舞のお面だね。リーダーがつけるお面だよ。一枚しかないんだ」

　つまり、トップになりたい、と。

「四十くらいになると踊れなくなるから、それまでになんとか、ね！」

「四十って……わたしたちまだ大学生なんだけど？」

「まるでアスリートみたいだねー」

「近いかも……じゃあ、準備しなくちゃだから行くね。わたしの踊り、その目に灼《や》きつけて帰ってよね」

「しっかり動画におさめて帰るよ」

「よろ！」

　去り際。人混みの中、つま先でくるり、と回った真奈実が、手を挙げてニカッと笑顔を見せた。

「ねーねーレナちゃん。真奈実、かっこいいねー」

　立ち去る背を見ながらうなずく。

　真剣に打ち込む真奈実が、一足先に大人になっているように……わたしにはそう見えたのだった。

鹿踊り（岩手県花巻市、北上市、奥州市など）

文／有馬桓次郎
イラスト／5th COIN

鹿の被り物をして踊る 北東北の郷土芸能

「鹿踊り」は、岩手県から宮城県北部にかけて行われている郷土芸能の一つ。まるで毛むくじゃらの精霊のような被り物をした踊り手が、音曲や太鼓の音に合わせてダイナミックな動きの踊りを披露する風流獅子踊《ふりゅうししおどり》の一種だ。

五穀豊穣、念仏供養といった祈りが込められたその踊りは、お盆や秋祭りのときに神社の境内や民家の庭で演じられることが多く、また学校の部活動として活動している例もあることから、この地方の人々にとっては子供の頃から慣れ親しんだ舞踊といえるだろう。

鹿踊りの「鹿」は「シカ」あるいは「シシ」と発音し、「鹿」を「獅子」と書く所も多い。

ここでいう「シシ」とは獣全般を指す古語で、古くは鹿を山から下りてくる精霊として捉える向きがあり、ここに聖獣である獅子のイメージを重ねたものが鹿踊りの「シカ」あるいは「シシ」だとされている。

その起源は諸説あり一定しない。猟師に狩られた多くの鹿の供養のために始まったとも、神の使いである鹿に扮して春日《かすが》大社に奉納した踊りだとも、あるいは甲斐《かい》から陸奥《むつ》へ移ることになった南部氏《なんぶし》が持ち込んだ踊りから変化したとも言われており、それこそ流派ごと、地域ごとに起源が紛々としている。

少なくとも鎌倉時代に成立した念仏踊りに端を発するのは確実なようで、修験道の山伏たちによって様式に変化を加えたものがこの地に伝えられたのではないかと考えられている。

鹿踊りの踊り手は、他に見られないほど特異な装束をしている。

鹿の頭部を模したとされる「鹿カシラ」は、面の周りをふさふさとした髪（ザイ）に覆われているが、これは馬の毛やドロノキの皮を割いたもの、あるいは色紙で作られている。横には立派な鹿の角が2本生えており、これを見れば確かに雄《お》鹿《じか》をイメージしたものだと納得できるだろう。

鹿カシラからは紋付きの麻の幕布が垂らされ、上半身をすっぽりと覆っている。さらに後頭部から足元にかけて「流し」と呼ばれる帯が長く延びているが、これは日本古来の伝統芸能である「舞楽」の影響を受けたものらしい。流しには素戔嗚尊《スサノオノミコト》の絵や南無阿弥陀仏《なむあみだぶつ》の念仏句、和歌など、地域や団体によって様々なものが描かれている。

一際目を惹くのが、頭上に高々と掲げられた2本の白い「ササラ」だ。竹を半分に割り、さらに三分割して障子紙を巻いたもので、長いものでは高さ3mにもなる。神具の御幣《ごへい》を象徴しているとされるササラを腰の後ろに挿し、踊り手はこれを時に左右に振り、時に大きくしならせながら数々の演目を舞い続けるのだ。

奥州市で披露された江刺鹿踊り「百鹿大群舞」の様子
（写真提供：公益財団法人 岩手県観光協会）

鹿踊りの系統や流派

鹿踊りは、大きく二つの系統に分かれている。

一つは、踊り手が身にまとった幕を持って踊り、太鼓や笛などの祭り囃子《ばやし》が別につく「幕踊り系」で、旧南部氏領（盛岡藩）にあたる岩手県北部から中部にかけて分布している。

そしてもう一つが、旧伊達氏《だてし》領（仙台藩・一関藩）の岩手県南部から宮城県北部に散在している、踊り手自身が腹に抱えた太鼓を打ち鳴らしながら踊る「太鼓踊り系」だ。

それぞれの系統ごとに多くの流派が存在しており、同じ鹿踊りでもその所作や踊り手の装束に微妙な違いがあるのも面白いところ。太鼓踊り系に関して述べるなら、行山《ぎょうざん》流、金津《かなつ》流、春日流の三つの大流派があり、そこから多くの子流、孫流が分岐している。

その中でも、衣装や太鼓に伊達家の家紋である「九曜《くよう》」「竹に雀《すずめ》」「竪三引両《たてみつびきりょう》」等が描かれている流派は、かつて伊達家から踊りの見事さを称えられた流派であり、藩主公認の証としてその家紋を今も誇らしく掲げているのだ。

また、愛媛県宇和島市にも太鼓踊り系の鹿踊り（ただし、こちらの鹿踊りでは腰にササラを挿さない）が伝えられている。これは慶長20年（1615年）、伊達政宗の庶長子・秀宗が宇和島藩主として入部した際に故郷の仙台から持ち込まれたもの。

東北と四国という遠く離れた二つの地域で同じ民俗芸能が受け継がれているのは、人の縁《えにし》が時代を越えてなおつながっていることを感じさせる。

鹿踊りが演じられる際には、舞台に必ず複数の踊り手が上がり、単独で踊ることはめったに無い。

幕踊り系では、踊り手は親獅子1名、雌獅子1名、雄獅子5名の計7〜8名。さらに道化役の一八《いっぱち》、唐団扇《とううちわ》を持って踊る役、ササラを摺《す》る役が登場し、これに太鼓や笛などのお囃子がつく。

いっぽう太鼓踊り系では、「仲立《なかだち》」と呼ばれるリーダー役を中心に8名〜12名の踊り手が登場するが、その他の者が舞台に上がることはない。

雄鹿を模した鹿踊りの被り物には2本の角もついている（写真提供：公益財団法人 岩手県観光協会）

どちらの系統でも、太鼓やお囃子に合わせてそれぞれ担当する踊りを演じるが、持ち場によりその所作が細かく異なっており、誰か一人が欠けても演目をこなすことが難しくなってしまう。踊りの良し悪しは、個人の技量のみならずチームの結束にもかかっているのだ。

鹿踊りの主な演目と後継者の育成

鹿踊りの演目はじつに多岐にわたっている。それこそ系統それぞれ、流派それぞれで演目の内容は異なる。

一例として幕踊り系での基本的な流れを紹介すると、舞台において「庭ならし」または「庭巻き」と呼ばれる動きで輪になり、「入り庭」などの始まりの演目を踊る。続いて「役舞」と呼ばれる踊りから幾つかの演目を踊っていくが、その中でも一番重要とされるのが「雌じし狂い」と呼ばれる演目だ。

雌鹿《めじか》をめぐって雄鹿同士が争う、そして雌鹿を狙う猟師と雄鹿が戦うという場面を表現しているらしく、その激しく荒れ狂う動きの中に、獅子舞とは異なる原初の躍動を感じる事ができる。

鹿踊りの団体は、岩手県内だけでも幕踊り系、太鼓踊り系あわせて150団体ほどが活動している。年齢層は上下に幅広く、先述のとおり部活動や郷土教育の一環として鹿踊りを取り入れている学校も多い。

いずこの郷土芸能でも後継者の不足に頭を悩ませているが、鹿踊りでも同様に幾つかの団体が存続の危機に立たされているという。長い歴史の中で途絶えてしまった流派もある。

それでも、関係者の努力によって近年は少しずつ若年層の参加も増えつつあるそうで、新型コロナ感染症による約2年間の活動自粛を挟み、これからは各地のお祭りや催事において彼らの勇ましくも美しい踊りを目にする機会も増えてくるに違いない。

開催時期	毎年8月の第1土曜日を挟んだ3日間（北上・みちのく芸能まつり）
開催場所	岩手県北上市
見学の可否	可
一般参加の可否	不可
交通アクセス	【公共交通】JR北上駅から徒歩で約1分（おまつり広場） 【車】東北自動車道 北上江釣子ICより約3km（約10分）
お問い合わせ	北上観光コンベンション協会（TEL:0197-65-0300）

——えーと。拝啓、皆様へ。

私こと宍戸早紀《ししどさき》は、鹿踊のために生まれてきた女です。

もう、根っからの鹿踊好き。寝ても覚めても、頭の中ではずっとお囃子の音色が鳴り響いていて、身体が勝手に動き出しちゃうくらい。

私がこうなったきっかけは、ずっとずっと子供の頃。お祭りの演台で踊っていた鹿踊に、私は一発で心を奪われたんです。心を揺さぶる締太鼓の響き。わさわさ、しゃらしゃらと音を立てながら、前後左右へ激しく揺れる長いササラ。まるで本物の鹿が跳ねているように、くるりくるりと舞い続ける踊り手の人たち——。

いつか、私も踊り手の一人として鹿踊を踊ってみたい。

今にして思うと、夢というにはちっぽけな願いだったかもだけど、その時の私はそんな憧れだけで頭がいっぱいになってしまったのです。

だから高校は鹿踊部のある学校を選んだっていうのに、何と部員がみんな卒業しちゃったから、部員不足で休部になるっていうじゃないですか！

もう絶望ですよ、絶望。

仕方がないから鹿踊部に籍を置いたままで、近所の公民館でやってる大人の団体へ弟子入りすることにしました。いつか部員が増えるその時までに、しっかり踊り方をマスターして

おこうってね。

どうやらこちらでも後継者不足に泣かされてきたらしく、団体のお爺ちゃん達からは「おおー、久し振りの若い踊り手じゃあ！」って大歓迎されたんですけど。ついでに言うと、女の子も私一人なんですけど。オールオッケーです、鹿踊を踊ることが出来るのなら！

そして、今日はそんな私が初めて踊り手として参加する日。場所は神社の境内、秋祭りの会場が私の初舞台です。

さっき、ちょっとだけ控え室のテントから覗いてみたら、境内は身動きするのも難しいくらい沢山の人であふれかえってました。師匠のお爺ちゃん達に聞いてみたら、久々に地元の鹿踊団体へ若い女の子の踊り手が入ったから、面白がってみんな観に来たんだよ、ですって。

信じられません。だって私、ちゃんと鹿踊を教わったのってこの半年しかないんですよ!?

……向こうでお爺ちゃん達が呼んでいます。もうすぐ出番なんですって。

こうなりゃ腹を括るしかありません。女は度胸です。

鹿踊に恋い焦がれて十六年、その想いの強さってヤツを、今からみんなに見せつけてやりますよ！

けんか七夕（岩手県陸前高田市）

文／阿羅本景
イラスト／5th COIN

飾り立てた山車をぶつけあう勇壮な祭り

華やかな装飾と「けんか」に用いるカジ棒を取り付けられた山車。震災の翌年から2018年までは、2台の山車の正面には元の4地区名を包括する「今泉組」と「気仙組」の名が掲げられていた。写真は2017年の撮影（写真提供：陸前高田市観光物産協会）

岩手県南東部、気仙《けせん》地方にある陸前《りくぜん》高田《たかた》市。太平洋に面するリアス式の三陸海岸、唐桑《からくわ》半島と広田半島に囲まれる広田湾の奥に広がる平地が同市の中心部である。広田湾に流れ込む気仙川によって形成された砂州・高田松原は景観地として知られている。

旧暦の7月7日、現在の8月7日前後に行われる陸前高田市の七夕行事は、大きく三つある。一つは小友町で船を用いて行われる、全国でも珍しい「海上七夕」。もう一つは高田町内を山車《だし》12台が巡行する「動く七夕」。そして気仙町で飾り立てた山車をぶつけ合う勇壮な「けんか七夕」である。けんか七夕は東北の奇祭としても知られ、岩手県指定無形民俗文化財に指定されている。

けんか七夕は900年近い歴史があるとされるが、その起源ははっきりしない。一説によると、文明年間（1469〜87年）に東北三十六不動尊霊場である金剛寺を気仙町に移した際に、同町内の今泉・高田地区が別々に落慶《らっけい》法要と施餓鬼《せがき》供養を行ったところ、双方の住民で紛争になり、今泉側が太鼓を持ち出して士気を鼓舞したことに由来するという。また別の説では、この地に逃れた平家の落ち武者の行事であったとも言われている。

山車をぶつけ合う勇壮なけんか七夕はその参加者が興奮し、余波で乱闘騒ぎになることが大戦前まではしばしあったという。

江戸時代には、けんか七夕は藩の役人などの不介入が慣例であり、治安と警備に当たる地区の足軽組が各自、自宅で種子島《たねがしま》（鉄砲）を手入れして万一の事態に備えたと伝えられている。

また戦前までは警察も基本的に不介入であり、住民の口伝《くでん》として双方に「互いにけが・あやまちなきよう申しつけのこと、火の用心のこと、おんな子供に乱暴あるまじきこと、石なげあるまじきこと」というエスカレーション防止の申し合わせがあったとされる。

お囃子で盛り上げる山車同士の決闘

けんか七夕でぶつかり合う山車は4台あり、それぞれは幅4m×奥行き4m×高さ5mの四輪構造である。この山車は前方から綱で引かれて移動する。

それぞれの山車には七夕の短冊、「アザフ」というしだれ桜を模した飾り物、くす玉などの装飾が行われる。かつては山車の上部に全長20mにも及ぶ大笹竹が立てられ、吹き流しが取り付けられた。しかし大正時代から電気事業が導入され、市内に電柱が立ち電線が架けられるようになると大笹竹は取り外された。

また、その年に亡くなった人の成仏を祈り、紙衣や遺品を山車に吊す風習もあったと伝えられている。

けんか七夕の当日、午前11時頃よりそれぞれの山車は各地区の住民に引かれ、町内や漁港を巡行する。祭事が本番になるのは、午後7時半からである。夜になると山車は中央部に「カジ棒」という長さ約15ｍの杉丸太を縦断するように取り付けた「決戦準備」の状態へと姿を改める。かつては山車の装飾品も取り外された物々しい有様になったという。

「あゆみ太鼓」の囃子《はやし》とともに山車を引き回し、巡回が終わると「休み太鼓」に変わる。そして対戦場所に向かい、いよいよ山車同士の「けんか」が発生する。山車は双方でにらみ合い、山車頭の「引けー！」というかけ声と「けんか太鼓」の乱打が合図となり、衝突が開始される。

綱で引かれた山車は、前方に伸ばしたカジ棒をぶつけ合う形で衝突する。山車同士が衝突する前に引き子と引き綱が交差するが、その際に小競り合いが発生することもある。

山車同士のけんかは、出会い頭では勝負が終わらない。引き子は「ヨイヤサ・ヨイヤサ」と掛け声を上げ、「けんか太鼓」の囃子と共に後ろからカジ棒を押し合うことで、互いの山車を押し退けようと、力士の取り組みのように競り合う。

真っ正面から噛み合った山車は約3トンという重量にも関わらず前輪が浮き、車体は圧力で軋《きし》む。この際に丸太や角材で山車や前輪を押さえつけ、「爪」という先を刃型にした鉄パイプを山車に取り付け、地面に打ち込むことで安定化と転倒防止を図ることもあったという。

この山車の決闘は、昔から1時間の長丁場であった。時には決着まで3時間以上かかる事もあり、引き子は疲労困憊し、かつては双方の見物客まで応援に加わることもあった。

また、勝負の膠着《こうちゃく》を防ぐために双方が一時休戦をし、休憩時間が取られることもあった。けんか太鼓には、それを互いに周知させるための曲目もある。

山車のけんかの勝敗は、力の勝った方の山車が、もう一方の山車を押し込んでずるずると後退させ、誰の目にも勝敗が明らかになった時に、勝ち方から「また勝った、ザマほろげ、また勝った、ザマほろげ」という鬨《とき》の声が上がり、太鼓の連打が行われることで付く。

その後、見物客の歓声の中、引き子達によって壮絶な有様になった山車は各地区に引き上げられ、来年のけんか七夕に向けて補修や準備が行われるのであった。

震災被害を乗り越えた復興の象徴として

2011年3月の東日本大震災によって、陸前高田市が津波による壊滅的な被害を受けた事はよく知られている。けんか七夕が行われる気仙町今泉地区も、やはり甚大な被害を被った。

4台あった山車のうち3台が津波により流されて喪失し、同年には津波の傷跡もまだ色濃い市内で、奇跡的に残った1台の山車のみが巡行する「けんか」の無い七夕行事が行われることになった。

だが、祭りを応援する人々や市の支援により2012年には1台の山車が新たに製作され、「けんか」が復活した。その後、新型コロナウイルスの影響による中断もあったが、現在はこの2台の山車によるけんか七夕が行われている。

震災の犠牲者や罹災後に同地区を離れた人もいるため、今泉地区の世帯数は往時の半分以下にまで激減しており、震災前のように4台の山車が揃うまでに完全復活するには、未だに課題が多い。

しかし、地域の保存会や愛好者の努力により祭りは今日も続いており、陸前高田の復興に向けて、けんか七夕の山車はその勇壮な姿を人々に見せているのである。

山車のカジ棒を突き合わせる「けんか」の様子。2019年からは「鉄砲町組」「八日町組」という震災前の本来の地区名称に近い名称を山車の正面に掲げるようになった。写真は2022年の撮影
（写真提供：陸前高田市観光物産協会）

開催時期	毎年8月上旬（旧暦の7月7日）
開催場所	岩手県陸前高田市気仙町
見学の可否	可
一般参加の可否	不可
交通アクセス	【公共交通】JR大船渡線BRT 陸前今泉駅から徒歩で約7分 【車】三陸自動車道 陸前高田ICから国道340号を経由して約3km（約4分）
お問い合わせ	陸前高田市観光物産協会 （TEL:0192-54-5011）

「お、半纏《はんてん》姿も似合ってるじゃーん、七香？」

「そう？　ふふん、やっぱ素材が良いからかなー！　時代は和装でしょ、和装！」

見上げるような偉容の山車《だし》を前にした少女が、得意そうに笑う。

真夏の陸前高田は海風が吹いていたが、日中はじりりと暑い。半袖の少女たちの中でも、七香の祭装束は一段と涼しそうに見えた。

「っていうか、乗るの？　この山車の上に？」

「うん、囃子の横笛でねー、練習したんだよーずっとー」

「笛吹きながら、山車で激突するんでしょ？　鞭打ちとかにならない？」

少女の一人が、自分の首を撫でながら心配そうに聞く。

七香は手を振って、けたけたと笑う。

「どーんって来るのは最初だけだし、交通事故みたいなことにはならないって、多分！　鞭打ちよりも笛を1時間近く吹くとか、そっちの体力が保つかどうかの方が心配だよ」

「がんばってねー、応援してるよー」

「えージュンコの町会、七香の乗ってる山車のトコと違うじゃん、いいのー？」

いいじゃん、昔と違って敵同士になるわけでもなしー、と明るく笑う。少

女の一人が、山車で揺れるくす玉を見上げて言う。

「毎年よくやるよねぇコレ、って思うけど」

「やれない年もあったよね。この前のコロナの時とか、その前の――」

他愛ない少女たちのお喋りが、見えない何かにぶつかったかのように、ふっと止まる。

陸前高田の町並みには、まだ新しい建物が多い。青草の生い茂る空き地も沢山ある。元から大きかった海岸の堤防はさらに背が高くなった。

かつてはそうではなかった、と大人は言うが――それは少女たちの物心がつく前の、失われた世界の話であった。

幼心に感じた災いの爪痕の不安と焦燥。明るい未来も希望も目一杯に抱えた少女たちといえども、未だにそれ、には気楽には触れづらい。

七香が、沈滞した雰囲気を破るようにぱん！ と手を打つ。

「いろいろあったけどさ！ この町もけんか七夕もずーっと続くんだから！ 新しく若いモンが参加しないとダメってこと！」

「そだよね！ 来年は私もやってみようかなー」

夏祭りの空気の中で、少女たちの明るい笑いさざめきが続く――。

大東大原水かけ祭り（岩手県一関市）

文／梧桐彰
イラスト／平沢よう

寒さの厳しい2月に裸男たちが通りを疾走

寒さも厳しい岩手の2月。その中を素肌に水を浴びながら数百人の男たちが走る。先頭を走る男の旗には「火防御祈祷」と書かれている。

天下の奇祭と言われる大東《だいとう》大原《おおはら》水かけ祭りは、一関市大東町大原で毎年旧暦正月18日に行われていた行事で、昭和47年（1972年）以降は開催日を2月11日に移して実施されている。

もともとは厄年者の行事であったが、現在は年齢に関わらず参加できるようになった。女性は表舞台に立つことはできず、水をかけることもできない。参加できない厄年の女性や高齢者の代わりとして男児の加勢人《かせっと》が参加したり、始まる前の仮装手踊りに若い男性が参加し、華やかさを演出するために化粧をしたり花を持ったりしたりする。

この祭りの由来は不明な部分が多いものの、火防祈願の祭りとして始まったことは広く知られている。年代を示す現存資料としては、文政6年（1823年）の銘が残る旗が伝存されている。

水かけの行事は午後からだが、一日中楽しめるイベントにするため、午前中から様々な行事が行われる。祭りの朝には商店街に水桶が無数に並び、ここへ消火栓から水を汲むところから始まる。10時を過ぎると祭りの神事が行われ、この日のために毎年作られる大《おお》注連縄《しめなわ》を八幡《やはた》神社に運ぶ大注連縄奉納《おおしめなわほうのう》修祓式《しゅうばつしき》には年祝いの者や消防団の者などが参加する。

祭りには厄を祓《はら》う年祝いの参加者だけではなく、近年では東日本大震災からの復興を祈る三陸沿岸からの参加者も増えている。

神事が終わると太鼓山車《たいこだし》や御神木《ごしんぼく》の神輿《みこし》が出され、小中学生や高校生も加わり火防祈願の大行列が始まる。山車には「奥州仕置軍迎撃の乱」と書かれるなど、歴史に由来するところが随所に見られる。東北地方は豊臣秀吉が小田原攻めを終えた後に天下統一の仕上げとして侵攻を受けた地域であるが、土地の大名がそれに抵抗したという記録を記念し、現在でもこのような山車が見られるのだ。

同じ時間帯、裸男たちは寒風に耐えながら準備を始める。各々が祈願する内容を、様々な絵や文字として背中に描いて表現する。そして15時、塩ふり役が五つの道路を清めると、いよいよ登場である。

号砲を合図に、旗持ちを先頭にして男たちが両手を振りながら大声で叫び、通りを駆け抜けていく。走るものも囃《はや》し立てるものも一様に笑顔で熱気に溢れ、まさしく壮観である。裸男が走り終わると、菅笠《すげがさ》に青い着物と鈴を付けた加勢人の少年たちが続く。

500mほどの距離を5回に分けて実施するが、それでも短い時間のため、

沿道の人々に水をかけられながら大東町大原の通りを疾走する裸男たち
（写真提供：一関市）

観客たちはぎっちりと密集する形になる。走り終わった参加者たちは各年賀会事務所前で納め水をかけられて締めくくる。この祭りが終わると、東北も春の暖かさに包まれ始める。

明暦の大火に由来？ 火防祈願のお祭り

祭りの由来は火防祈願であることは冒頭に述べたが、この発端は明暦3年（1657年）に江戸城の天守や大名屋敷、江戸の市街地の大半が焼失し、死者3万人以上を出した「明暦の大火」だと言われている。俗に「振袖《ふりそで》火事」とも呼ばれるこの大火は、戦禍・震災を除くと日本史上最大の火災である。

これを受けて翌年に仙台藩が火防令を出し、当時、八幡寺にいた高僧の禊《みそぎ》を倣《なら》って火防祈願をしたというのが定説となっている。それを示す文書などは現存せず、安政年間に火防の行事があったという記録が伝わるのみだが、最近まで祭りが大火と同じ日に行われてきたことなどから、関係していることは間違いないと見られている。

大注連縄の奉納が終わった後に出される太鼓山車。小中学生も参加して盛り上がる（写真提供：一関市）

また、小正月の「かせどり」と近隣県にも見られる「水祝儀《みずしゅうぎ》」が融合していったのではないかというのが有力な説である。

現存する古文書によると、この行事は水かけ祭りではなく加瀬躍《かせおどり》と書かれている。現在、裸男たちを追う加勢人《かせっと》のことを「かせおどり」と書いた文献もある。特に岩手、宮城では小正月、つまり旧暦の1月15日でその年の最初の満月の日には「かせどり」または「ちゃせご」と呼ばれる行事が各地で行われていた。これは小正月の夜に子どもたちが家を回り、餅をもらう行事であるが、現在はほぼ見ることはできない。

かつては大東町大原でもこの日は棒に鳴り物をつけ「あきの方からかせどり参った参ったヤァーホイホイ」と唱えて祝餅をもらい歩いたという。行うのは子供が多いが、厄年者の場合もある。現在も花巻市太田では、「かせ躍り」は子どもたちの田植踊りの芸能として知られている。これが現在の祭りの原型の一つであると考えられる。

一方で、水をかけることは「水祝儀」から来ているのではという説がある。これは正月の早い時期や初午《はつうま》、つまり2月最初の午《うま》の日に新婚の婿などに水をかける通過儀礼の一種であるが、火《ひ》伏《ぶせ》、つまり火災を防ぐ神仏への祈願の側面もある。この行事は藁《わら》でつくった腰巻きと蓑《みの》、被り物をつけて来訪神として奇声を発しながら家々を回るというものであり、かせどりとお互いに関係があると言われている。

こうしたかせどりや水祝儀といった行事は、さらに手踊りや田植踊り、道化などの芸能を取り入れたりして変化していくこともある。大原水かけ祭りはその典型であり、過去の様々な工夫の結果ともいえる。

伝統を維持しつつも 時代に即した内容に

昭和42年（1967年）には「出る若者も少なくなり、昔のような華々しさはなくなった」という記録もあり、この祭りが衰退していた時代もあった。

それにも関わらず、現在でも毎年多くの観光客を集めている背景には、地域の人々から成る保存会による熱心な広報活動や、内容の改革に取り組んだことが大きい。特に昭和から平成にかけての時期は、この改革が長期にかけて行われた。

例えば祭りの水かけは午後に始まり短い時間で終わるため、注連縄《しめなわ》の更新を午前に実施したり、纏振《まといふ》りを呼ぶことにしたこと、裸男が走り終えた後、すぐに風呂に入れる態勢を整えたことなどが挙げられる。

また、地元の中学生や高校生が参加できるようなイベントやキャラクターを取り入れたり、メディアの取材を積極的に受けたことなどもある。

大原水かけ祭りは、昔の姿や由来などを維持しつつも、イベントとしての華やかさも兼ね備えた、伝統と創造を両立させた祭りとして継続してきたのである。

開催時期	毎年2月11日
開催場所	岩手県一関市大東町大原
見学の可否	可
一般参加の可否	可（要事前連絡）
交通アクセス	【公共交通】①JR大船渡線 摺澤駅から市営バスで約20分、②JR東北新幹線 一ノ関駅からタクシーで約40分 【車】東北自動車道 一関ICから県道19号、国道343号を経由して約37km（約50分）
お問い合わせ	大東大原水かけ祭り保存会事務局（TEL:0191-72-2282）

「さっむい！」

次女の詩子《うたこ》が震えながら叫ぶ。それを見て、三女の澄子《すみこ》がスマホを構えたまま笑う。

「詩お姉ちゃんさっきからそれしか言ってないねー」

「だって本当に寒いんだもん！　冴子《さえこ》ちゃん平気なの？」

「とうほぐに生まれて冬に寒い寒い言ってられないべ」

長女の冴子が笑いながら答える。

「なにそのわざとらしい東北弁！　マウンティング？　東京に就職してお祭りの日にしか帰ってこない都会人のマウンティング？」

「あたしだって18年ここ住んでたんだけどなあ」

「じゃあなに？　彼氏いるマウンティング？　お祭りで走りたいっていう彼氏ひっかけて連れてきたマウンティング？」

「なんでそうひがみたがるの」

「だってマジ寒いんだもん！　なにかに八つ当たりしないと凍えるって！」

「慎也さんのほうがもっと寒いじゃん。もうちょい待とうよ」

澄子がまだかなまだかなとそわそわと道路の奥を見ながら言う。

「待ってる間に凍る！　凍って固まって氷像になる！　春まで街のオブジェになる!!」

「そろそろ来るって、ほら！」

冴子が詩子の顔をつかんでぐるっと回す。

「ぎゃー、氷像の首が折れた！」

詩子が叫んだ瞬間。

わっと歓声が奥から聞こえてきた。少し遅れて大勢の男達が走り込んでくる。沿道からばしゃっと大きな音。それを受けながら両手を上げてそれを浴びている。

「しんやさーん！」

「おーう」

冴子の声援に、中央あたりを走っていた小柄な男性が答える。大きく手を振り回しながら。

「すごーい、かっこいい！」

カシャカシャとスマホを鳴らして澄子が飛び跳ねる。

「凍る凍る凍る！　慎也さん凍っちゃう！」

詩子が全力で叫ぶ。冴子がおかしそうに笑う。

「楽しんでるなあ」

「なんで？」

「詩お姉ちゃんが一番盛り上げてるよね」

「だからなんで？」

冴子も澄子も答えない。代わりに笑顔を次女へと向ける。ポンと両肩にそれぞれの手を乗せながら。

能衆が金や黒の面を被り、太刀を手にして踊る五大尊舞。金剛界大日如来、胎蔵界大日如来がだんぶり長者に化身し、それに普賢、八幡、文殊、不動の四大明王が仕えた様を表している
（写真提供：大日堂舞楽保存会、一般社団法人 秋田県観光連盟）

大日堂舞楽（秋田県鹿角市）

文／氷上慧一
イラスト／井波ハトコ

奉納する七種の舞を集落で分担して継承

JR花輪線の八幡平《はちまんたい》駅。近くの大都市だと盛岡市になるだろうか。盛岡駅から約1時間40分のところにある小さな駅である。目の前には住宅と田畑がある、のどかな場所だ。

そんな日本のどこにでもあるような素朴な集落では、毎年1月2日に1300年を超える歴史を持った伝統行事が執り行われる。大日霊貴《おおひるめむち》神社にて、「能衆《のうしゅう》」と呼ばれる舞い手達が舞楽を奉納する、大日堂舞楽だ。

鹿角《かづの》市八幡平地域に伝わる民俗芸能で、日本最古の舞楽とも言われている。昭和51年（1976年）には国の重要無形民俗文化財に指定され、平成21年（2009年）にはユネスコ無形文化遺産にも登録されている。

一説によると、その始まりは養老2年（718年）。老朽化した大日霊貴神社が再建された際、時の元正天皇の勅令により、都から名僧の行基《ぎょうき》や楽人《がくにん》が遣わされ、落慶《らっけい》の式礼で舞楽を奉納した。この舞楽が地域の住民達に伝わり、代々受け継がれるようになっていく。これが起源だと言われている。

奉納する舞は7種類あり、小豆沢《あずきざわ》、大《おお》里《さと》、谷内《たにない》、長嶺《ながみね》の四つの集落がそれぞれの舞を分担して継承している。

この分担は徹底されている。各集落には独自に受け継がれたしきたりがあるのだが、同じ大日堂舞楽に参加する者同士ではあっても、隣の集落にどのようなしきたりがあるのかはあまり知られていない。それだけこの伝統が、当時の形を大切にして受け継がれてきたということなのだろう。

本番前の準備段階で俗世を遠ざける

他にも伝統を感じさせるのが「行」だ。これは舞楽の本番ではなく、その準備段階に行われるものだ。舞楽に関わる能衆は、早い人で2週間前から内《うち》習《ならい》と呼ばれる練習や「行」を開始する。内習は文字通り自分達の舞の稽古だが、「行」は神に奉納する舞を踊るための儀式的な意味合いがあるそうだ。

能衆は神に近い存在になるため、俗世を遠ざける必要が出てくる。「行」に入ると家族と同じ鍋で煮炊きしたものは口にせず、肉類はもちろん、匂いの強いネギやニンニクまで控えるという。開催日が1月2日であるので、年末年始のイベントが目白押しの中でストイックに自分が奉納する舞楽に備え続けるのである。大晦日や正月のおせち料理は当然、もう少し若者向けのたとえを出すならクリスマス料理なども、食べることができない者がいるということだ。

風呂は一番風呂に入り、その他にも俗世の穢《けが》れを可能な限り排除した生活を営む。親心からすれば、これを可哀

想だと思う人もいるそうだが、そうした気持ちを飲み込むことも含め、周囲や家族の理解や協力があってこそ守られてきた習慣だと言えるだろう。

一心不乱に舞い 無我の境地へ至る

1月2日の午前8時前、まだ世間ではお正月気分で一杯の中、四つの地域の能衆達はそれぞれの地域でそれぞれの行事や舞を終えた後、大日堂へと集まってくる。

一般の客が見学できるのはこの辺りからとなる。

まず長嶺、谷内の能衆達が笛と太鼓の音と共にやってくる。藍染《あいぞ》め舞楽装束、脚絆《きゃはん》、藁靴《わらぐつ》という昔ながらの出で立ちだ。下にはスポーツ用のアンダーウエアを着込むなど防寒対策を行っているが、それ以外の部分では伝統を守っており、藁靴などは一度履いたら最後まで外すことはせず、中にはこの1日ですり切れてしまう人もいるそうだ。

続いて小豆沢、大里の能衆達も境内に姿を現し、四つの集落が揃ったところで神主のお祓《はら》いを受け、年頭の挨拶を交わす修祓《しゅばつ》の儀が執り行われる。

これが終われば全員で権現舞《ごんげんまい》（獅子舞のこと）を舞う。大日堂舞楽の中では地蔵舞《じぞうまい》と呼ばれ、舞楽の前奏曲となる。

いよいよ始まる予感に会場の熱気は一気に盛り上がっていく。

その後、能衆全員が揃って境内を3周し、大日堂の拝殿前に整列すると花舞が行われる。神子舞《みこまい》、神名手舞《かなてまい》、権現舞の3種類の舞を一つの流れとして見たものだ。神子舞は天の神を礼拝する舞。神名手舞は地の神を礼拝する舞である。

これら、全員で奉納する舞や大小行事が終わればいよいよ本舞に入る。集落ごとに伝わる7種類の舞が披露されるのだ。

年末からこの日のために斎戒沐浴《さいかいもくよく》し、内習を繰り返してきた舞手と囃子手《はやして》達。当日は観客が訪れるよりもずっと早く、深夜と言うべき時間帯から集まり、それぞれの集落で挨拶回りや舞を披露し続けてきた。身を切るような寒さの中、疲労は蓄積し、さらには8kg近くあるような獅子頭を持って10回も権現舞を舞っている者もいる。体力は限界に近づいていても、気力で体を奮い起こして舞を奉納し続けるのだ。

繰り返されてきた内習と行に加え、余計なことを考える余力もなくなった無我の境地が、人を神に近づけるのかもしれない。

彼らの熱意は観衆にも伝わるのだろう。毎年、この頃の境内は見物客やカメラマンでひしめき合うことが多い。

本舞は大里集落からは駒舞《こままい》、鳥舞《とりまい》、工《こう》匠《しょう》舞。小豆沢集落からは権現舞、田楽《でんがく》舞。長嶺集落からは烏遍《うへん》舞。谷内集落からは五大尊舞《ごだいそんまい》が奉納される。

踊る順序は時代によって変化しているが、現在では権現舞、駒舞、烏遍舞、鳥舞、五大尊舞、工匠舞、田楽舞の順番で奉納されている。

これらは前述の通り、大日霊貴神社が再建された際に奉納された舞が伝えられていたものだ。内容も当時、再建された大日霊貴神社がどのような成り立ちで創建されたかを人々に喧伝《けんでん》するためのものだったのか、大日霊貴神社創建に関わった人物や逸話を題材にしたものとなっている。

たとえば継体《けいたい》天皇の第五皇子を表現したものや、継体天皇の後宮《こうきゅう》であった吉祥姫《きっしょうひめ》を葬る様を舞にしたものや、大日霊貴神社設立のきっかけとなった「だんぶり長者」の逸話を表現した舞もある。

すべての舞が終わる頃には昼の12時になるという。

長い場合は2週間もかかる準備と、全力を振り絞った舞を終え、能衆となった男達は凍り付くような寒さの中でも汗だくになる。そうして彼らは達成感と共に神から人へと戻り、ようやく新年を迎えることができるのである。

開催時期	毎年1月2日
開催場所	秋田県鹿角市八幡平 大日霊貴神社
見学の可否	可
一般参加の可否	不可
交通アクセス	【公共交通】JR花輪線 八幡平駅から徒歩で約1分 【車】東北自動車道 鹿角八幡平ICから国道282号を経由して約4km（約6分）
お問い合わせ	大日霊貴神社 （TEL:0186-32-2706）

雄、雌、雛の鳥かぶとをかぶった三人の子供たちが可憐に舞う「鳥舞」。だんぶり長者が飼っていた鳥の舞で、鳥の親子がむつみ合う様を表している
（写真：外務省製作 "JapanVideoTopics"より引用）

そこは無骨な造りをしていた。

天井は梁がむき出し、外と内を区切るのは細い格子のみ。

時間の流れが染みこんだような、重厚な雰囲気をたたえたお堂の中には頬が切れそうなほど冷たい空気が満ちている。

だが冷気を吹き飛ばすように、木製のお堂全体を揺るがすような太鼓の音と笛の音が鳴り響いていた。

周囲を見れば、日本中のみならず海外からの観光客も駆けつけ熱気あふれる視線を舞台に注いでいる。

そんな中、私は緊張しながら舞の始まりを待っていた。

圧倒的な少数派だとは思うが、同じような気持ちで舞台を見守っている人間は他にもいるだろう。

母親として、自分の子供が舞台に上がるとなると、他の観光客と同じような気持ちではいられない。

無数の視線を集めながら、三人の子供達が中央の舞台で待機する。

彼らはここしばらく、今の時代の、同年代の子供からは想像もできないほど厳しい生活を送っていた。

すべてはこの日、この「鳥舞《とりまい》」を踊るため。

長らく受け継がれてきた伝統の担い手になる誇らしさはあるし、同じ集落に住む人間同士の連帯感もある。

それでも親としては、年末年始の

楽しみを色々と我慢しなければならず、伝統の舞を習得するための厳しい練習をくぐり抜けなければならない子供の姿に、可哀想ではないかという思いも相半ばする。

　厳しい生活に我慢することも、自分自身なら耐えられるが、子供が我慢している姿を見るのはもどかしいことこの上ないのだ。

　ただ子供が自分から「やりたい！」と言い出した気持ちを尊重してやりたいと思ったのがすべてだった。

　あとは全力で応援して、自分にできるだけの手伝いをした。

　そうした準備期間を終え、今日の本番を迎えたのである。

　息子はどちらかと言えばおっとりした性格をしているが、日頃とは別物のように凛々《りり》しい姿を見せている――というと親の欲目だろうか。

　まっすぐに前を向いていた息子が不意にこちらを見た。

「あ……」

　私が見ていると気づいたのだろう、他の人からはわかるかわからないかという程度に小さく笑みを浮かべる。

（もう、他に気をとられて失敗しても知らないからね）

　やきもきするこちらの気持ちも知らずに、舞いが始まるのだった。

能代七夕（秋田県能代市）

文／阿羅本景
イラスト／flick

能代七夕の起源と変遷

秋田県能代《のしろ》市は秋田県北部、米代《よねしろ》川河口の日本海岸にある都市である。歴史にその名が初めて登場したのは斉明天皇4年（658年）に蝦夷《えぞ》征伐のため海路で北上した将軍 阿部比羅夫《あべのひらふ》が上陸した「淳代《ぬしろ》」としてで、後に「野代」、さらに宝永元年（1704年）の記録では現代と同じ「能代」という地名となっている。このように、能代市は秋田県でも有数の歴史を誇る町である。

能代七夕は、旧暦の7月6日・7日（現在の8月上旬）に能代市で開催される。同じ時期に行われる青森県の代表的な七夕祭事「ねぶた」との関連性から「ねぶながし」、あるいは灯籠を運行する年番の町人役組制度から「能代役七夕」という別名でも呼ばれる。

能代七夕の起源は、奈良時代の武将である阿部比羅夫や坂之上田村麻呂《さかのうえのたむらまろ》が蝦夷征伐の際に多数の灯籠《とうろう》を点して敵を誘い出し、殲滅《せんめつ》した故事に由来する、とあるが、これは青森県のねぶたとも共通するため、後世に作られた伝説であると推測される。

別名である「ねぶながし」の語源は「眠《ねむ》た」から来ている。これは神道の夏の祭事である「夏越《なごし》の祓《はらえ》」として型代《かたしろ》（人形《ひとがた》）を川へ流す神送りに、夏の睡魔や悪霊を流し、併せて秋の五穀豊穣を祈願する祭が合わさり、さらにそこに開催時期的に同じ中国の神話に由来する七夕祭事が重なって、今の能代七夕を形作ったとされている。

寛保元年（1741年）の書物には子供達が灯籠を持って町を練り歩く、能代七夕の前身となる祭事が記録されている。この記録をもって、能代七夕の起源ともされる。

現代の祭事に比較的近い行事の記録があるのは、文化12年（1815年）である。この年代には、能代の七夕では高さ9～12mに及ぶ巨大な屋台人形の灯籠を競い合って作り、それらの新奇さと壮観さが能代の名物となっていた、とある。この時期から幕末にかけて、現代でいう能代七夕はさらなる発展をしていくのであった。

祭事のシンボルとなる巨大な城郭型灯篭

能代七夕のシンボルは、垂直方向に巨大な城郭型灯籠である。四輪の台車から船灯籠・花灯籠・石灯籠・隅御殿・本丸御殿・鯱《しゃち》型と御神灯へと意匠を凝らしながら縦へ伸びるごとに大型化していく紙張りの灯籠は、初めて見る人間にとっては恐ろしくアンバランスであり、倒壊の危険性すら感じさせるものである。

この城郭型灯籠は、天保年間（1835～45年）に宮腰屋嘉六という大工が名古屋に出稼ぎに行き、名古屋城天守閣と金の鯱《しゃちほこ》にインスピレーションを得て考案した灯籠が、その始まりとされている。

全高17m超の城郭型灯籠「嘉六」の運行の様子（写真提供：一般社団法人 秋田県観光連盟）

城郭型灯籠が巨大化の一途をたどったのは、城を模した灯籠を作ることへの、町民から武士階級への配慮がいらなくなった明治以降とされている。明治末年にはついに高さ18m近い巨大城郭型灯籠が作られ、七夕祭りを練り歩くことになったのであった。

しかし、大正期の電気事業の誕生により市内に電柱・電線が張られるようになると恐竜的肥大化がストップした。現在の灯籠は、電線の下を通過する際に一番上にある鯱型を倒して通過できる「鯱倒し」という仕組みで作られている。

そして、今日に見られるサイズの灯籠での祭礼が行われるようになった。

能代市内のメインストリートの電線地中化によって巨大灯籠の再現が可能になると、「天空の不夜城協議会」によって平成25年（2013年）には約100年ぶりの高さ17・6mの巨大城郭型灯籠「嘉六《かろく》」が復元された。さらに翌平成26年には記録を超える高さ24・1mの超巨大灯籠が作られ、戦国時代の能代の武将にちなんで「愛季《ちかすえ》」と名付けられ、七夕祭りにデビューした。

この二つの巨大城郭型灯籠は能代の「天空の不夜城」とも呼ばれ、8月2日・3日に市内を巡行する夏祭りのシンボル的存在になっている。

また「愛季」は平成28年1月に東京ドームで開催された「ふるさとまつり東京」にも運び込まれ、全国一の巨大灯籠として能代七夕の偉容を東京のみならず、全国に知らしめたのである。

祭りのシンボルである城郭型灯籠「愛季」（中央）と「嘉六」（右）。その巨大さはまさに圧巻（写真提供：能代七夕「天空の不夜城」協議会）

現代における能代七夕の進行と課題

能代七夕は能代市の五つの町内組織・五町組によって年番で運行される。8月1日に年番の町組が鎮守の日吉神社で祈願をし、会所開きが行われる。

そこで年番町組を代表する灯籠・大丁が決められる。さらに年番町組の中で立てられる自丁、年番でない町組からは加勢丁として灯籠を出す仕組みがある。これは江戸時代にあった能代の町方統治の仕組みを現在に継承するものである。

全盛期には大丁・自丁・加勢丁を合わせて12丁の灯籠が立ったといわれるが、現在はおおよそ2〜7丁の灯籠で祭りが執り行われる。

8月5日に城郭型灯籠の最上段に位置する鯱の目に隅を入れる「魂入れ式」が行われ、8月6日から各灯籠の巡回が開始される。子供たちの田楽灯籠を先頭にした笛・太鼓の囃子にあわせ灯籠は市内を巡回する。16時になると各灯籠が勢揃いし、揃って町を練る全廻丁が始まる。夜になると灯籠内に灯りが点され、闇夜に浮かび上がる城郭型灯籠は幻想的な姿を見せるのである。

8月7日には城郭型灯籠の最上段から鯱型をはずし、山車に乗せて巡る鯱灯籠の巡回が始まる。そして夕刻にすべての鯱灯籠が揃うと、市内を走る米代川の河口へと移動する。

鯱型はクレーンによって川に浮かぶ筏《いかだ》の上に移され、18時半に鯱に点火。燃える鯱型を海へと送り流す厄祓《やくばら》いの儀式「シャチ流し」が行われる。燃える鯱型の炎が夜の川面を照らす光景は、七夕祭りのクライマックスと言えるものである。

その後、鯱を載せていた山車は年番町組内の大通りに集まり、解散手打ち式が行われる。こうして能代の夜を彩る七夕祭りはフィナーレを迎えるのであった。

能代七夕は、巨大化する灯籠により各町組構成員の経済的負担が大きく、また近代化による都市人口の変化によって各町組の均等な輪番運営が難しくなる事態が発生したり、交通手段の発達により増えた観光客を重視した運営の改革を行うべきか、伝統的な組織・風習をあくまで守るべきか、といった議論が生まれたりと、様々な問題を抱えることもあった。

だが、シンボリックな巨大城郭型灯籠「嘉六」「愛季」の誕生や、多くの観光客をこの地に集めることから、これからも華やかに行われていくだろう。

公式サイト	https://noshirotanabata.com/
開催時期	毎年8月上旬（旧暦の7月7日）
開催場所	秋田県能代市上町〜通町
見学の可否	可
一般参加の可否	可（要事前連絡）
交通アクセス	【公共交通】JR五能線 能代駅から徒歩で約15分 【車】秋田自動車道 能代南ICから国道101号を経由して約8㎞（12分）
お問い合わせ	能代七夕「天空の不夜城」協議会 （TEL:0185-52-6344）

らっせーらっせー、と若衆の掛け声が上がる。夕闇の空気は、祭事の興奮に細波立つ。

能代の夏の風物詩、能代の役七夕。交通規制された大通りには多くの観光客が集まり、今か今かと灯籠の到来を待つ。

腹掛け姿の少女たちが横笛を吹き、祭り囃子《ばやし》を奏でる。

ドン、ドンドンという大太鼓の響きは、音というよりも肌を揺さぶる空気の波動だった。

笛の旋律が止むと、腹掛けの少女がはぁと安堵の息を吐く。

「ふぁ、練習通りちゃんと吹けた、よかったぁ」

後ろにいる、髪をお団子に結い上げた少女がぽん、とその肩を叩く。

「音外さなかったねー、和美ちゃん上手上手」

「志乃ちゃんは吹奏楽部じゃん、上手いのは羨ましいなぁ」

「いや私クラリネットだよ？　これとは関係ない気がするし」

「笛つながり、ない？」

「これリードないし！　フルートならともかく、にしても――」

わっせわっせという掛け声、観光客向けのアナウンス、警備の笛の音、溢れる祭りの喧噪の中、和美と志乃は背後を振り返る。

提灯を降り、綱を引く若衆たち。

その後ろからは視覚の遠近感がおかしくなりそうな、巨大な灯籠がゆっくりと大通りを行く。

顎を上げて城郭型灯籠の偉容を見上げ、少女たちは語り合う。

「ホントおっきいよねぇ、『嘉六《かろく》』と『愛季《ちかすえ》』は」

「小学生の頃、初めて見た時はびっくりしたよねー」

「うちの町組の灯籠も大きいなーって思ってたけど、倍くらいあるもんねえ、これ」

「最初『こっちに倒れてきそう！』って怖くならなかった？」

「あーそれ、ちょっと思った！」

和美と志乃がきゃはは、とさざめき笑う。

『愛季』は東京にも行ったことあるんだって、ドームのお祭りに」

「え、あのまま国道を引いて行ったの？」

和美がびっくりした顔で言う。

「いやそれさすがにムリでしょ？　バラして運んだんだと思うけど。でも——」

太鼓の拍子が変わり、二人は隊列に直って笛を構える。

「能代の灯籠は、夏の夜に見るのが一番だよね！」

「だよね、じゃぁ——！」

笛の朗らかな響きが、祭りの夕空に舞い上がる——。

なまはげ柴灯まつり（秋田県男鹿市）

文／梧桐彰（解説）、有馬桓次郎（ノベル）
イラスト／ToKa

修験道や鬼伝説との浅からぬ関わり

男鹿《おが》の山には神が住まうとされる。山は農家に水を供給する。漁師には船材を配分する。山は畏敬の対象であり、男鹿の暮らしを護る神そのものである。

なまはげは、その山から降りてくると信じられている。ここで紹介する「なまはげ柴灯《せど》まつり」は、男鹿市北浦にある真山《しんざん》神社の特異神事である柴灯《さいとう》祭《さい》と、秋田を代表する民俗行事「男鹿のナマハゲ」を組み合わせた冬まつりである。

焚き上げた柴灯火《せどび》で炙《あぶ》られた大餅を奉納する柴灯祭と、山の神もしくは神の使いとされる面や藁《わら》で編んだ衣装（テゲ）をまとい出刃包丁などを持つ独特の所作で新しい年を祝うなまはげは、どちらもこの地域の幻想的かつ勇壮な行事だ。

民俗行事として行われている「なまはげ」。異形の仮面をつけ、藁などで作った衣装をまとった「なまはげ」が家々を巡って厄払いをしたり怠け者を諭したりする
（写真提供：一般社団法人 秋田県観光連盟）

真山神社の柴灯祭については、かつてから修験との関わりが濃く、野外に生の薪《まき》を積み上げて火を焚いて煩悩を消し、無病などを祈る大掛かりなものだった。歴史的には、真山神社宮司の武内家に伝わる『系図傳《けいずでん》』によると長治元年（1104年）頃が始まりとされている。他にも『六郡歳時記』では近世中期の様子を、『男鹿真山』では昭和40年頃の様子を知ることができる。

行法が終わると、神職は燃えている餅を手に持って素早く戸外へ投げ出し窓を閉める。続いて太鼓が激しく打ち鳴らされ、法螺貝《ほらがい》が吹かれ、また参詣者は棒を手に持ちわめき騒ぎながらハリを叩く。この音に乗じて鬼が飛び来て、人身御供《ひとみごくう》の代わりに油餅をつかみ取り山奥へと去る。

この山奥より飛び来たとされる三鬼は元々はなまはげではなく、漢の武帝の五鬼伝説に登場する眼光鬼《がんこうき》・首人鬼《しゅじんき》・押領鬼《おうりょうき》とされている。

柴灯祭は修験道に見られる秘密主義的な側面を強く残したもので、知らない者から見ると独特な呪術を思わせる内容である。

なまはげの起源とは

なまはげは大晦日《おおみそか》の晩に男鹿半島の各集落で行われる民俗行事であり、「怠け者はいねがぁ」「泣く子はいねがぁ」などと叫びながら家々をまわるというものであることは広く知られている。

なまはげのもっとも古い記録は江戸時代の紀行家、菅江真澄《すがえますみ》が記した『牡《お》鹿《が》乃《の》寒風《さむかぜ》』に文化8年（1811年）の様子が記録されている。

起源の説は幾つかあり、漢の武帝が使役していた鬼が正月15日にだけ解き放たれて里を荒らしたという話が起源だとする説もある。これが正しければ、紀元前まで遡《さかのぼ》るということになる。

大正時代の記録によると、この頃にはなまはげと柴灯祭が完全に合流した祭事が始まっており、神官らが擂鉢《すりばち》状の餅を作り、法螺貝が吹かれるとなまはげが山を降り始めるというものになっている。

なぜ、柴灯祭の鬼がなまはげになったのかは、はっきりとしていないが、どちらも山奥に住んでいること、餅を好むなどの類似性が関係しているのであろう。なまはげが訓戒や占いをしたり歓待されたりする一方、鬼は無言で参詣者の前に姿を見せないなどの違いもあるが、正月の習俗と修験信仰が融合したことは間違いないだろう。

　民俗学者の柳田國男によると、神人に堂の中央の窓から餅を投げ与えたという儀式について、神人は山神のことで、祖霊神《それいしん》とも深く結びついていると述べている。

民俗行事を基にした観光イベントに

　現在の「なまはげ柴灯まつり」は、昭和39年（1964年）に星辻《ほしつじ》神社で行われたものが最初で、男鹿温泉郷の冬季の誘客に繋げることを目的としたものであった。

こちらは「なまはげ柴灯まつり」の様子。会場の中央に焚かれた柴灯火の前で、2体のなまはげによる踊りが繰り広げられる（写真提供：なまはげ柴灯まつり実行委員会）

　このまつりでは、昭和36年（1961年）に秋田出身の現代舞踏家である石井漠《ばく》氏が振り付けを、子息の石井歓《かん》氏が曲を担当したなまはげ踊りや、男鹿の郷土芸能であるなまはげ太鼓などの様々なエッセンスを取り入れており、エンターテインメント性も高く評価されている。

　前述したとおり、大晦日の「なまはげ」は男鹿半島に伝わる民俗行事だが、「なまはげ柴灯まつり」は観光イベントなので、時代に合わせて内容にも毎年変化があり、どうしたら楽しんでもらえるか、感動してもらえるかということを重視している。

　たとえば2023年であれば、会場である真山神社の社殿へと続く石段の入り口ではライトアップされた仁王門が観客をまつりの会場へと誘い、石段を上り切ると、かがり火と記念撮影用大型フォトパネルが迎えるなど様々な工夫がなされた。

　現在のなまはげ柴灯まつりは、まず「鎮釜祭《ちんかまさい》」「湯の舞」と呼ばれる神事から始まり、続いてなまはげに扮する若者たちが面を授かり身につける「なまはげ入魂」の儀式が行われる。

　その後、会場の中央に焚かれた柴灯火の前で2体のなまはげによる踊りが、神楽殿《かぐらでん》ではなまはげ太鼓の演奏などが繰り広げられる。

　それらが終わると、いよいよ15体のなまはげが松明《たいまつ》を振り上げて登場し、小高い丘に勢揃いした後、「怠け者はいねがぁ」「親の言う事聞がね子はいねがぁ」などと雄叫びを上げながら客の中を巡っていく。観客の中にはなまはげのケデ（衣装）から抜け落ちた藁を拾い、霊験を得ようとする者も見られる。

　クライマックスには柴灯火で焼かれた護摩餅《ごまもち》を神官が捧げる。なまはげは神力の宿った餅に容易に触れることができないが、ようやくそれを受け取り山に帰っていく。

　ここでまつりが終了したと思いきや、最後に会場には各地域のなまはげが乱入し、観客からの記念撮影の要望に応じたりするなど、柴灯火を囲みながら観客と交流を深め、その後にようやく終了する。

　なまはげの外見は威圧的で、横暴に振る舞っているように見えるが、本来は怠け心を戒め、無病息災、田畑の実り・山の幸・海の幸をもたらす、年の節目にやってくる来訪神である。

　男鹿の人々は山や自然への信仰を基盤にしてなまはげの習俗を育み、継承してきた。社会や生活が変わり、地域の習俗としてだけでなく観光資源として利用されるようになっても、男鹿に生きる人々の想いや歴史がその根底にあり、なまはげを通じて表現されるものは今も失われることなく人々の心に残り続けている。

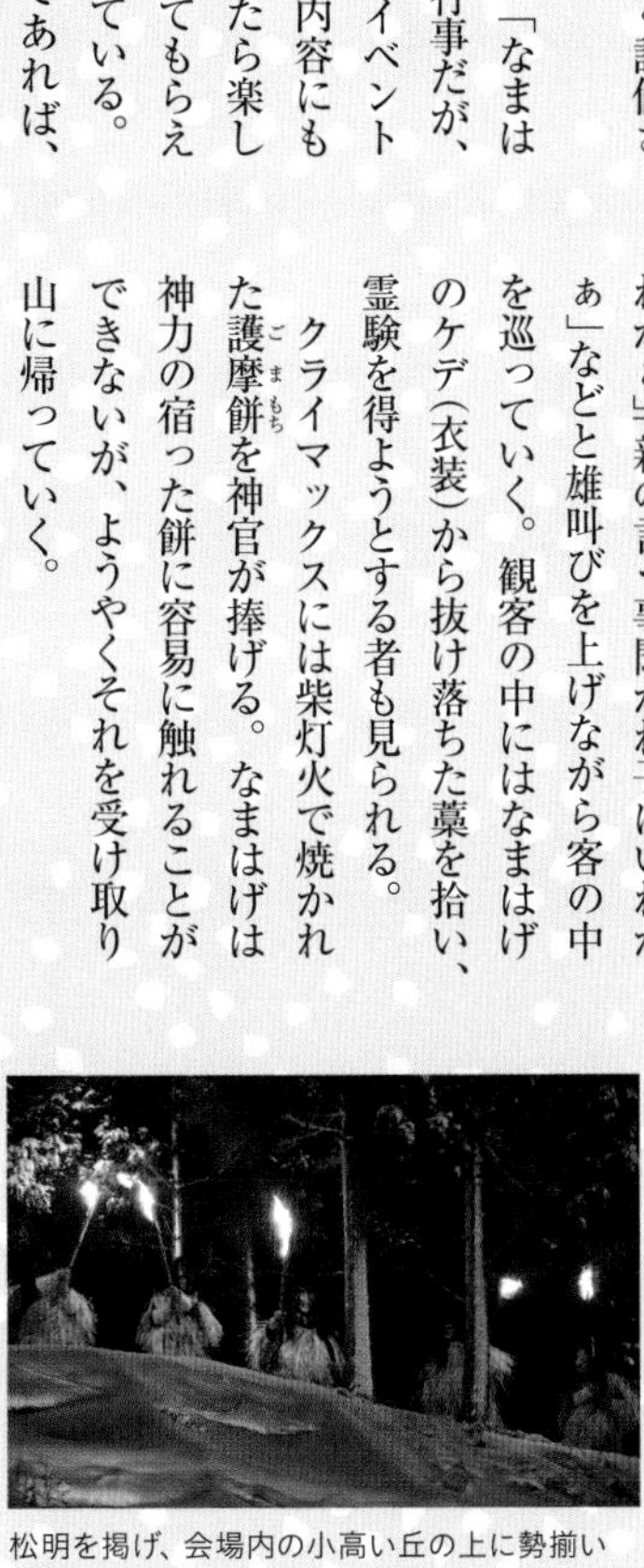
松明を掲げ、会場内の小高い丘の上に勢揃いしたなまはげ
（写真提供：一般社団法人 秋田県観光連盟）

開催時期	毎年2月の第2土曜日を含む3日間
開催場所	秋田県男鹿市北浦 真山神社
見学の可否	可
一般参加の可否	不可
交通アクセス	【公共交通】JR男鹿線 男鹿駅に隣接する「道の駅おが」から臨時有料バスで約30分 【車】秋田自動車道 昭和男鹿半島ICから国道101号を経由して約32km（約40分）
お問い合わせ	なまはげ柴灯まつり実行委員会（TEL:0185-24-9220）

見た目は子供で頭脳は大人、なんてどこぞの少年探偵が言っていたけれど、その言葉は僕の一つ上の先輩にこそふさわしい。

冬の日の放課後、その先輩から

「後輩くん、今がら二人で一緒さ柴灯まづり行《え》ぐべよ!」

と誘われて、初めて見に行ったお祭りは僕にとって驚きの連続だった。

純白の雪が分厚く降り積もった、夜の境内。燃えさかる柴灯の炎に照らされながら、男鹿じゅうから集まってきた沢山のナマハゲが舞い踊っている。見物客の間を縫って動き回るナマハゲのお面は確かに恐ろしげだけど、どこか愛嬌も感じられるのが不思議だった。

ほほーう、と祭りの様子を感心しながら眺めていると、

「うきゃ――ッ!!」

背後から、まるで仔犬の遠吠えのような悲鳴が上がった。

振り向けば、ナマハゲに抱え上げられた先輩が、その腕の中でじたばたともがいている。どうやら小さな子供に間違えられて『悪い子はいねがあ!』と脅されているらしい。

「お、おいだば子供《わらし》じゃね、れっきとした17歳JKだべ!」

興奮のあまり、先輩は秋田弁丸出しで抗議している。

そういう仕草一つとっても、小学校

低学年くらいの女の子に見えるんだよなあ。

ようやく解放された先輩が、ふらふらと覚束ない足取りでこちらへやって来る。

先輩と知り合ってからもうすぐ一年になるけど、この人、三日に一度は小学生に間違えられてる気がするな……。

「ひ、ひでぇ目にあった……何笑ってらの？」

「いえ。先輩は変わらないなーって。先輩はずっとそのままでいて下さい」

「いんや、春がら三年生だし、今年だば皆に大人のおなごとして認めさせでける！」

ふんす、と小さな胸を張って先輩は宣言する。そのままの方がころころして可愛いと思うけどなあ。

「後輩くんは？　新年の抱負は何が無ぇの」

「そうですね。つつがなく一年を過ごして、来年もまた一緒にこの祭りへ来ましょう」

先輩は大きな瞳をまん丸に見開いてこちらを見返してから、やがて「へぁ～！」と妙な声と共に溜息をつくと、お日様のような笑顔を浮かべて言った。

「まんず、年下の癖さ偉そうなごと！」

秋田竿燈まつり（秋田県秋田市）

文／有馬桓次郎
イラスト／flick

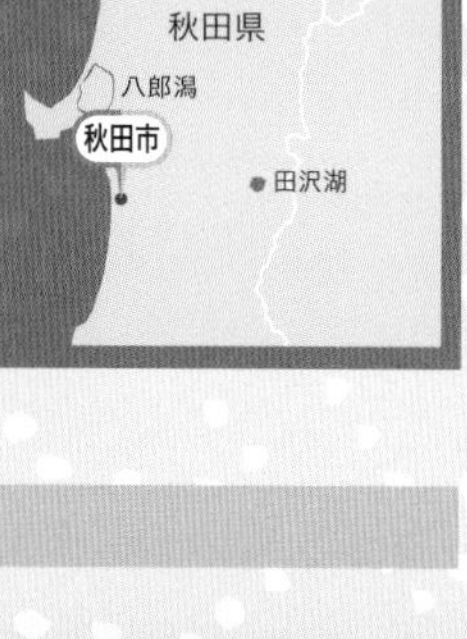

「夜竿燈」の様子。大通りに大小の竿燈がぎっしりと並んでいる
（写真提供：一般社団法人 秋田県観光連盟）

旧暦の七夕に行われる「眠り流し」に由来

かつては大阪と北海道を海路で結ぶ北前船《きたまえぶね》の寄港地として大いに賑わった、日本海側の商都 秋田市。

毎年、夏の声を聞く頃になると街の空気が少しずつ高揚感に満ちてくる。8月3日～6日、青森「ねぶた」、仙台「七夕まつり」につらなる東北三大祭りのひとつ「秋田竿燈《かんとう》まつり」が、ここ秋田市で盛大に挙行されるからだ。

東北地方における七夕行事は、その多くが「眠《ねぶ》り流し」という年中行事を源流としているが、この秋田竿燈まつりも祖を同じくする。眠り流しは旧暦の七夕頃、短冊を下げた笹や合歓木《ねむのき》の枝を手に街を練り歩き、その後に川へ流して邪気《じゃき》祓《ばら》いをするもので、特に東北地方を中心に広く行われていた。あわせて、夏の暑さで睡眠不足になった身体から睡魔を払うという意味もあり、そこから「眠り流し」という一風変わった名が付けられたとされる。

旧暦7月7日の七夕は現在の新暦で8月上旬頃にあたり、かつての日本においては盆の始まりを告げる行事であった。そこで東北地方では、眠り流しの行事にあわせて家の中を掃き清め、門前に高灯籠《たかどうろう》を下げて先祖の霊を迎える準備をする。

この高灯籠が、江戸中期の久保田（現在の秋田市）に住む町人の間で持ち歩けるよう改良され、やがて一本の竿に幾つもの灯籠を下げる様式へと変化していった。そこへ次第に力比べ、技比べの要素が加えられ、江戸末期には現在のものとほぼ同じ形態の祭りが成立したと考えられている。

それまでは「眠り流し」「七夕祭り」あるいは「星祭り」と呼ばれていたこの祭りが「竿燈まつり」と命名されたのは、幕末の混乱を挟んだ明治期のこと。明治14年（１８８１年）、明治天皇の東北行幸に同行した当時の秋田市長大久保鐵作《てっさく》は、市内で催されているこの祭りを「竿燈まつり」と名付けて天皇に解説した。

大久保によれば、その由来は中国 宋の時代の禅書『景徳傳燈録《けいとくでんとうろく》』の中にある「百尺竿頭須進歩《ひゃくしゃくかんとうすべからくしんぽ》」から。「すでに努力・工夫を尽くしたうえに、さらに尽力する」という意味があり、この文中にある竿頭をヒントとして、人々が持つ高灯籠を「竿燈」と名付けたのだという。

戦中の昭和13年～20年（１９３８～45年）には中断されていたものの、終戦後の昭和21年に復活。テレビの普及によって祭りの風景が全国に伝わり、観光ブームの到来でより多くの観覧客を迎える一大行事となっていった。

昭和55年（１９８０年）、秋田竿燈まつりは眠り流しの民俗と散楽の竿芸が結びついた、この地方独特の生活文化を示す祭礼として、国の重要無形民俗文化財に指定された。

竿燈の四つの種類

8月3日、早朝。千秋公園（久保田城址）にある久保田藩主 佐竹家を祀《まつ》る八幡《はちまん》秋田神社に各町内の代表や企業の関係者が集まり「御幣《ごへい》渡し」の儀式が行われる。これは期間中の安全を祈願すると共に、竿燈の先端につける御幣と御札が神職から渡されるもので、この後4日間にわたる祭りの始まりを告げる儀式だ。

祓い清められた御幣は、長さ1mほど。それぞれの御幣には神が宿るとされ、祭りが終了した翌日に市内の旭川へ流されるまで、竿燈の先端から外されることは無い。

祭りでは、大小あわせておよそ280本もの竿燈が登場する。

竿燈には長さと提灯の数で分けられた四つの種類があり、一番小さな「幼《よう》若《わか》」でも長さ5m、24個の提灯が下げられている。これを扱うのは幼稚園～小学校低学年の子供たちで、年齢が上がるごとに「小若《こわか》」「中若《ちゅうわか》」と徐々に長くなり、提灯の数も増えていく。

そして最大の「大若《おおわか》」になると重量にしておよそ50kg、9段の横竹に結び付けられた提灯の数は何と46個。何本もの継竹《つぎたけ》で延ばされた最長20mほどにも及ぶ竿燈を、大人の差し手が大きくしならせながら絶妙なバランスを保ちつづけ、折々に「技」を披露して人々を沸かせるのだ。

五穀豊穣を祈願し、竿燈は全体で稲穂に、鈴なりの提灯は米俵に見立てられる。その明かりは電球などではなく、すべて中に仕込まれた本物の蝋燭《ろうそく》の火で、この火を消さずにくり出される様々な妙技こそが祭りの醍醐味といえよう。

竿燈を操る差し手の妙技

2日目からは、「昼竿燈」と「夜竿燈」の二部制で行われる。

昼竿燈は別名「竿燈妙技会」とよばれ、竿燈演技や囃子方《はやしかた》の技術向上を目的として昭和6年（1931年）から取り入れられた。大人たちが技を披露する「大若」と子供たちが参加する「小若」の二つの部門があり、直径6mの円内で竿燈の技を競う個人演技と5人一組の団体演技、それに竿燈囃子の音色を競う囃子方と、三つの競技で技の優劣を競うのだ。

竿燈を操る技には五つの型がある。

二人がかりで竿燈を起こし上げ、竿燈を一度掌《てのひら》に静止させてから握って安定させる「流し」。添え手を横に開いてバランスを取りながら、竿尻を利き腕の掌にのせて高く差し上げる「平手」。竿尻を前頭部にのせ、両手を放して首の力だけで竿燈を支える「額」。利き手側の肩に竿尻をのせ、軸足と肩が直線になるようバランスを取る「肩」。両脚を開いてバランスを取りながら腰部で竿燈を支える、もっとも難易度の高い「腰」である。

これらの技を、差し手たちは次から次へと竿を渡しながら繰り出していく。熟練者になると、さらに一本下駄を履いて演技したり、傘回しや扇を仰ぐなどの小技をはさむ者もいる。竿燈を扱うには「力四分に技六分」といわれ、その絶妙なバランス感覚には驚く他は無い。

陽が落ちて辺りが暗くなってから、いよいよ祭りの本番である夜竿燈が始まる。

秋田市の中心部、東西約900mの通りにすべての竿燈が集合し、総計1万個にも達する提灯のすべてに火が灯される。その美しい光景は、地上に天の川が降り注いだとも、黄金色に実った稲田が風に揺れている風景そのものだとも表現される。

それぞれの竿燈は「流し囃子」の音色にあわせて通りを移動し、そして勇壮な「本囃子」とともに鍛え上げた妙技を披露する。夏の夜の熱気に包まれながら、「ドッコイショー、ドッコイショ」の囃し言葉と共に繰り出される技の数々は、まさに息を呑むほどの迫力だ。

幽玄にして、豪壮。秋田竿燈まつりは、盆を前にして故人を盛大に迎え入れる祭礼であると共に、実り豊かな秋を願う切なる祈りが込められた祭りなのである。

秋田竿燈まつりでは差し手による様々な技が披露される。写真右は「額」、同左は「平手」
（写真提供：一般社団法人 秋田県観光連盟）

公式サイト	https://www.kantou.gr.jp
開催時期	毎年8月3日から6日までの4日間
開催場所	秋田県秋田市の竿燈大通り
見学の可否	可
一般参加の可否	可（要事前連絡）
交通アクセス	【公共交通】JR秋田駅から徒歩で約15分 【車】秋田自動車道 秋田中央ICから県道62号を経由して約10km（約15分）
お問い合わせ	秋田市竿燈まつり実行委員会事務局（TEL:018-888-5602）

秋田の夜空に、お囃子《はやし》の音色が響いている。

ずらりと並んだ竿燈の柔らかな光の群れは、まるで黄金色に実った稲穂が秋風に揺らめいているみたい。

私は笛を吹き鳴らしながら、行き交う人々の中にあの子の姿を探し続けていた。小さかった頃の私が大切に思っていた、一番の友達を。

物心がついた時には、もう一緒に遊んでいた女の子。家が隣同士で、生まれたのが1か月違いで、自然と私たちは友達になった。人形のように可愛らしくて、のんびり屋さんだったけれど意外に強情っぱり。でも、最後はいつも「ごめんね」って言ってくれる、そんな優しい女の子だった。

朝、幼稚園に行く時は二人で手を繋いで行ったし、帰る時も一緒。小学校の竿燈クラブへも一緒に入って二人で笛の練習を頑張った。いつだって隣にいてくれる。そう無邪気に信じられる、大切な幼馴染だった。

そんな子が別の町へ引っ越すことになった時、私はどれだけ泣いたことだろう。

最初は毎日のように電話をしあっていたけど、やがて1週間おきになり、1か月おきで偶《たま》にかかってくる程度になり……ついに途絶えてしまった。彼女の引っ越し先が同じ秋田市内であっても、小学生の私たちにとってそ

れは万里に等しい隔たりだったのだ。

あの子と、久し振りに会える。この、竿燈まつりの会場で。

私と同じく、あの子もずっと笛の練習を続けてきたらしい。今晩の夜竿燈で、あの子が囃子役として会場に立つと知り合いに聞いたのだ。

どんな子になっているかな。今の私を見て、すぐに思い出してくれるかな。心の中に不安を抱えながら、私は笛を吹きつつ通りを歩き続ける。

あの子が、いた。

随分と背は高くなってたけれど、面影はあの頃のまま……ううん、8年振りに会ったあの子は、想像していたよりもずっと綺麗になっていた。

あの子も笛を唇に当てながら、目をまん丸にして驚いている。すぐに気付いてくれたことが、こんなにも嬉しいなんて。ちょっと泣いてしまいそう。

——久し振り、元気にしてた？

——元気だよ、また会えて嬉しい！

お互いにお囃子を奏でながら、瞳だけで想いを伝え合う。

さわさわと揺れる竿燈の下で、再会した私たちの笛の音色はどこまでも遠く広く、夜空へ響き渡っていった。

上桧木内の紙風船上げ（秋田県仙北市）

文／岩田和義、寺田とものり（共にTEAS事務所）
イラスト／海産物

平賀源内が教えた？紙風船上げの由来

しんしんと雪が降り積もる冬の夜空に、無数の光が舞い上がる。気球の原理で空に浮かぶ紙風船たちが、浮力を生み出すろうそくの炎で照らされている姿だ。

最近では「天灯《てんとう》」「スカイランタン」などの名前で、アジアの伝統行事として世界に知られるようになったものだが、ここで紹介するものは、それらとはひと味違う。なんと全長12m、ビルの4階まで届こうかという巨大な紙風船が幾つも空に舞い上がるのだ。

この行事は、武家屋敷の建ち並ぶ角《かく》館《のだて》や田沢湖などの有名観光地を有する秋田県仙北《せんぼく》市の中部、西木地区で行われている「上桧木内《かみひのきない》の紙風船上げ」という行事である。

百年以上の歴史を持つ紙風船上げだが、なぜこのような、伝統行事にしては妙に科学の香りを感じるイベントが始まったのかは文献には残されていない。

地元の伝承によれば、江戸自体の科学者として知られる平賀源内が、秋田藩の領内にある銅山の技術指導に訪れたことがあったという。もともと日本各地では、旧正月に一年お世話になったお札などを燃やして天に返す「どんど焼き」という行事が行われているが、この時に平賀源内が気球の原理を銅山の人たちに教えたとされている。それが上桧木内の紙風船上げとして現代に伝わっているというのだ。

平賀源内が秋田藩で技術指導を行ったのは安永2年（1773年）のことだから、これが事実だとすれば、上桧木内の紙風船上げには250年もの歴史があるということになる。当時から電気の原理を知っていたという平賀源内プロデュースのイベントと言われると、確かに説得力を感じてしまう。

人々の願いを運んで夜空へ上がる紙風船

紙風船上げの行事は、毎年2月10日の旧正月に行われる。

西木地区の八つの集落では、前年の12月頃から地域の人々が総出で紙風船の制作を始める。昔は習字用の半紙を貼り合わせて紙風船を作っていたが、現在では業務用の巨大な和紙を貼り合わせることで大きな風船を作れるようになった。

まずは巨大和紙を壁に吊り下げ、白い紙をスクリーン代わりにして映写機で元絵を投影し、それに沿って下絵を描く。和紙を壁から降ろしたら下絵に沿って色づけを行い、貼り合わせて、角張った形の紙風船を作る。

風船には美人画や武者絵などの伝統画に加え、集落の人々の願い事が大きく書かれる。「この願いよ天に届け」というわけだ。かつては五穀豊穣、無病息災などが願われることが多かったが、現在では家内安全や合格祈願などのメッセージも増えているという。この言

膨らんだ状態の紙風船は高さ10m以上に達する。後援する企業や組合も多く、西木町の観光の目玉となっている（写真提供：一般社団法人 秋田県観光連盟）

葉は西木地区に住む人々の生の声であり、まさに「生きた伝統行事」と言っていいだろう。

東北地方、特に秋田県内陸部の冬は厳しく深い。かつて農業や狩猟以外に生きる糧がなかった人々にとって、紙風船上げという行事は長く厳しい冬を集落一丸となって乗り越える助けになっていた。雪の集落で家の中に籠もっていれば、家族としか顔を合わせることがなく陰鬱《いんうつ》な冬になってしまうが、集落の皆と力をあわせて紙風船を作ることで、精神的活力のようなものが得られたのだろう。

第二次世界大戦の影響で紙風船上げは一時中断してしまったが、伝統の復活を目指す人々の熱意により昭和49年（1974年）に復活したという経緯がある。人口減少が叫ばれる現在。昔と同じように、この行事が地域の活力となっていることは想像に難くない。

雪が降りしきるなか、来場者の歓声を受けて夜空へ放たれた紙風船（写真提供：一般社団法人 秋田県観光連盟）

本番となる2月10日。紙風船上げは、秋田内陸縦貫鉄道の上桧木内駅から徒歩7分の位置にある「紙風船広場」で行われる。

夕方の早い時間に会場が開くと、各集落のメンバーが順番に紙風船を上げる準備を開始する。紙風船の開口部「竹輪」を数人で支えながら、ガスバーナーで紙風船に熱風を送り込み、膨らませるのだ。風船が十分に膨らんだら、竹輪の内側に十字に渡した棒に、石油を染みこませた布「タンポ」を取り付けて点火する。そして合図にあわせて一斉に手を離すと、紙風船は冬の夜空に高く舞い上がるのである。こうして空に放たれる紙風船の数は、年によって違うが、100個を超える年もあるそうだ。

タンポの炎により内側から照らされた巨大な紙風船が、人々の願いを運んで夜空に溶けていく風景は幻想的そのもので、一見の価値がある。当日に会場に来た人が思い思いにメッセージを書くことができる「寄せ書き風船」もあるので、見るだけでなく参加することも可能なのが嬉しい。あなたも自分の今年の願いを風船に書いて、天まで飛ばしてみてはいかがだろうか。

観光で行くなら巨大栗もおすすめ

会場となる紙風船広場までは、関東からだと秋田新幹線に乗って角館駅で下車し、秋田内陸縦貫鉄道の上桧木内駅まで約40分で到着する。紙風船上げの終了時刻は年によって違うが、おおむね20時頃とかなり遅い時間になる。しかし、当日は臨時列車が運行されるため、その日のうちに角館まで戻ることも可能で、宿の選択には自由度がある。

このように徒歩での参加も十分に可能だが、角館でレンタカーを借りて田沢湖近辺を周遊してもいいだろう。

大阪や名古屋からは飛行機が便利だ。秋田空港まで飛行機で向かい、JRや乗り合いバスで角館まで行ってからの行程は関東からのルートと同じである。

参加する場合の注意点として、会場が冬真っ盛りの秋田内陸部だということに気をつけたい。つまり、とてつもなく寒いのだ。

東京や大阪などの都会に住む人々が考える冬用装備ではまったく歯が立たないので、それこそスキー場に行くつもりで装備を調えていく必要があるだろう。近隣にはスキー場も多いため、お昼までスキーやスノーボードを楽しみ、午後に上桧木内へ行くという参加スタイルも検討してよさそうだ。

また、西木地区には300年前から栽培されているブランド栗「西明寺《さいみょうじ》栗《くり》」という名物がある。ふつう栗といえば500円玉くらいの大きさをイメージすると思うが、西明寺栗は非常に大きく、赤ちゃんの拳と同じくらいのサイズがある。巨大紙風船といい、巨大栗といい、巨大ラッシュで開いた口がふさがらなくなりそうだ。

この西明寺栗の生栗や、これを使った渋皮煮や甘露煮などが、秋田内陸縦貫線の八津駅から徒歩2分の「かたくり館」などの観光施設で購入できるので、紙風船上げの会場に行く前に寄ってみてはいかがだろうか。

開催時期	毎年2月10日
開催場所	秋田県仙北市西木町上桧木内 紙風船広場
見学の可否	可
一般参加の可否	可
交通アクセス	【公共交通】秋田内陸縦貫鉄道 上桧木内駅から徒歩で約7分 【車】東北自動車道 盛岡ICから国道46号、105号を経由して約88km（約2時間）
お問い合わせ	西木観光案内所（TEL:0187-42-8480）

この祭りに足を選んだのは、けっしてただの気まぐれじゃなかった。

伝えたい思い……空の向こうへ、どうしても届けたい思いがあった

だからスマホであれこれ調べて、それでたどりついたのが、この「紙風船上げ」だったわけだ。

雪を踏みしめ、足早に、でも転ばぬように目当てのテントに向かう。

祭りを観に来た人たちのため、皆が願い事を描けるようにと用意された紙風船の周りには、すでにたくさんの人々が集まっていた。

皆がサインペンで想いを綴《つづ》る。

わたしも皆にならってペンを手にし、そこでふと、わずかに迷う。

当たり前に黒いペンを手にしたけれど、もしかして赤い方が目立つかなと、手近にあったピンク色に持ち替えてキャップをはずした。

小学校低学年くらいの女の子が、わたしを見上げているのに気付く。

「ピンク、使う?」

女の子と、彼女の母親にも礼を言われて、わたしは何をしたわけでもないのに良い気分になって、さっきの黒いペンをもう一度手に取った。

雲の裏で陽が落ち、夜が来る。

見上げる先で、次々と打ち上げられていく紙風船。辺りが暗くなるに連れ、風船の中で燃える炎が、風船を橙に染め上げるようになっていた。

「おねえちゃん！」

声は、さっきの女の子だった。

しゃがみ込み、目線を合わせる。

「さっきはありがとうございます」

ぺこり、とおじぎをして、さっきよりも丁寧に礼を言う女の子。

「いえいえ、どういたしまして」

わたしもできる限りの笑顔で返事をすると、今度は母親に問われる。

「どちらからお越しに？」

「あ、埼玉です。ネットで調べて」

……ちなみに、わけあって例年よりも少なかったお年玉は、旅費だけで使い切ってしまっていた。

「あー！　あれ、あれ！」

少女が指さす先で、熱気を吹き込まれた紙の風船が、ゆっくり立ち上がりつつあった。

寄せ書きのようなたくさんの願いごとの中に、わたしと少女、そして母親の願いが描かれた風船は、ゆらり、と支える人たちの手から解放されて、夜の空へと昇り始める。

「上がれーーーー！」

少女の声に背中を押されるようにして、わたしも思わず叫んでいた。

「とどけーーー！　そっちでも幸せにねーーーー！」

大好きだった……ううん、そうじゃない。今も大好きなおばあちゃんに、この想いが届くように。

六郷のカマクラ・竹うち（秋田県美郷町）

文／阿羅本景
イラスト／村山慶

700年の歴史がある東北有数の火祭り

秋田県仙北郡美郷町《みさとちょう》は秋田県南部にあり、その中でも旧六郷町地域は古くから羽州街道の宿場町として栄えていた。また湧水地が多く、酒の醸造が盛んであった。

六郷は旧佐竹久保田藩の領地の中でも富裕な町として知られていたが、この町に古くから伝わり、現在では国指定の重要無形文化財となっている祭事が旧正月に行われる「六郷のカマクラ」である。

美郷町の通り沿いに掲揚された「天筆」の吹き流し。緑・黄・赤・白・青の順につながれた色紙に奉納の文言や願い事、和歌が書かれている（写真提供：あきた美郷づくり株式会社 観光企画部）

六郷のカマクラは700年近い歴史があるとされる、旧正月に行う正月飾りを燃やす火祭りであり、全国各地で行われる左義長《さぎちょう》・どんど焼きのジャンルに分類できる。

左義長の最古の記録は1250年前後の京都まで遡《さかのぼ》る事ができる。それが鎌倉時代初期の六郷の地頭であった二階堂氏によって東北の地に伝わるまでの時間差を加味しても、700年という歴史には信憑性がある。

また「カマクラ」という名称は初めて武家政権が開かれた鎌倉の地に由来するといい、もっとも特徴的な行事である「竹うち」は一説に「北条高時の鎌倉滅亡を諷《ふう》した模擬戦」ともいわれる。

さらには御霊信仰の祭神となった11世紀の武将　平景正《たいらのかげまさ》（通称は鎌倉権五《ごんご》郎《ろう》）にもその命名が関係するという説もあるので、六郷のカマクラは非常に古い歴史を誇る祭事なのである。

長い歴史の中でカマクラは様々な旧正月の祭事を取り入れていき、現在の形式になったのは江戸時代初期ともいわれている。

四つの行事から成る複合的な祭事

旧暦の正月にあたる2月中旬の5日間にわたって、六郷のカマクラは大きく分けて四つの行事によって構成されている。現在では行事の内容は変化しているが、これまでの伝統を含めて紹介していく。

行事の初日に行われているのが、蔵開き（鏡開き）である。

この地の地主は元旦からこの日まで蔵の戸を閉ざしており、旧正月のこの日に蔵の前に据《す》え膳《ぜん》をして灯明を灯し、取っ手のある鍵を拝んでから蔵を開ける儀式をする。また商家ではこの日に今年の大福帳を改め、一年の商売繁盛を祈る。

続いて行われるのが、天筆《てんぴつ》の書き初めである。この行事は二日目に行われるとされていたが、現在の順番・日程は異なっている。

緑・黄・赤・白・青の順に色紙をつなぎ合わせて作った吹き流しのような長い用紙である天筆に、地域の子供たちが筆で書き初めをする。天筆に書かれる文言は「奉納　鎌倉大明神　天筆和合楽　地福円満楽」から始まり、続いて願い事を書き、最後に「あらたまの　年のはじめの筆とりて　よろずの宝　かくぞあつむる」の和歌を書くという決まりになっている。

この天筆の書き初めを長さ5mほどの青竹の先に結び、家の外に掲揚する。雪深い六郷の地の乾いた冬空に五色の

天筆がたなびく様はじつに美しい。

　三日目に行われるのが、鳥追い行事（鳥追い小屋行事）である。

　この行事は、農作物に被害を出す野鳥を追い払い、今年の豊作を祈る儀式である。町内の空き地に雪室《ゆきむろ》を作り、その中に鎌倉大明神を祭り、中で一晩中炭火を焚き、中に子供達が入って鳥追い唄を歌う。

　この雪室もまた「カマクラ」といい、近隣の祭事である「横手のかまくら」にも影響を与えてると言われている。だが六郷の鳥追い小屋・カマクラは半球状の雪洞で、一般的な「かまくら」の形状ではない。垂直の雪壁を四方に積み上げ、天井にむしろを敷いた独特の形状であり、これは中で一晩中炭火を焚いても一酸化炭素中毒にならないための換気の工夫だといわれている。

南北両軍による合戦！長い竹を使った竹うち

　最終日に行われるのがクライマックスの行事であり、六郷のカマクラ行事が東北の奇祭の一つとして数えられる由縁となる、竹うち・天筆焼きである。

　六郷最古の神社である秋田諏訪宮の前の公園、通称「かまくら畑」と呼ばれる広場に、各家から注連縄《しめなわ》や正月飾りが運び込まれ、数メートルにもなる二つの可燃物の山・カマクラ（松オニ）が作られる。

　午後になると、旧羽州街道を境に町の南北に分かれた、かまくら本部が作られる。夜分に掛けて若衆が結集して北軍、南軍が結成され、それぞれで必勝祈願の出陣式が行われる。

　夜になると木貝の「ボヘーボヘー」という音ともに、南北両軍の若衆がそれぞれ5m近くある青竹の長い束を担いでかまくら畑に向かう。この際に用意される青竹は三千本近くあり、並び立つ様は槍を連ねた軍勢のようでもある。

　カマクラを挟んで向かい合った両軍の間で青竹を掲げてにらみ合い、午後8時になると一斉に青竹竿でお互いに打ち合う「竹うち」が開戦する。かまくら広場は竹の割れる音と怒号と掛け声が満ちる、あたかも戦国時代の合戦場の様相になる。

　竹うちはまずは二回戦が行われ、休憩の間に諏訪宮の神官がカマクラに鎌倉大明神を勧請し、点火する。そして各家から持ち寄られた天筆が二つのカマクラと共に、無病息災・家内安全を祈願しながら焚べられる。これが天筆焼きの行事である。

　そして天を焦がして燃えるカマクラを挟んで、両軍の雌雄を決する第三回戦の竹うちが始まるのであった。

　竹うちの両軍の若衆はそれぞれ半纏《はんてん》を着用の上で、安全のために工事用ヘルメットやゴーグル、フルフェイスのヘルメット、マフラーと軍手といった防具で身を固める。この格好で長い青竹竿でお互いを打ち合う様子は、古来の祭事や戦国合戦絵巻といった雰囲気とは異なる、荒々しくダイナミックなものがある。

　闇夜の中、炎に照らし出された竹うちの強烈な光景が、六郷のカマクラを全国有数の奇祭として世に知らしめている。

　この竹うちの勝敗により、北軍が勝利すれば豊作、南軍が勝てば米価が上がるという言い伝えがあり、その年の吉凶を占う行事だとされている。そのためか、昭和30年代から記録されている南北軍の勝敗は、ほぼ五分のイーブンである。

　六郷のカマクラは、書き初めを燃やして健康を祈る古来の文化祭 吉書《きっしょ》焼き／左義長の側面と、鳥追い小屋を作り豊作を祈願する農業祭の側面、そしてその年の吉凶を予想する竹うちの占事の側面が長い歴史の中で「カマクラ」の名の下に融合した東北独自の文化・祭事の伝承の形態を、今も鮮やかに伝えている。

北軍と南軍に分かれ、さながら合戦の様相を呈する「竹うち」。写真は第三回戦で、中央で燃えている炎は「天筆焼き」によるもの（写真提供：あきた美郷づくり株式会社 観光企画部）

公式サイト	https://rokukama.akita-misato.com
開催時期	毎年2月中旬（旧暦の正月）の5日間
開催場所	秋田県仙北郡美郷町
見学の可否	可
一般参加の可否	可（天筆体験など）
交通アクセス	【公共交通】JR大曲駅からタクシーで約20分 【車】秋田自動車道 大曲ICから国道105号を経由して約12km（約15分）
お問い合わせ	六郷のカマクラ行事継承会 事務局（TEL:0187-84-0110）

インクジェットプリンターのヘッドの動く、軽い駆動音が響く。

フォト用紙のプリントを、望実はテーブルの上に広げていく。それは脳裏にまだ鮮やかな冬の旅の、記憶のコラージュのようだった。

「これ……俺の実家の？」

部屋に入ってきた巧巳は、望実の後ろからテーブルをのぞき込む。

「そうそう、六郷のカマクラのお祭り。寒かったよねぇ、真冬の秋田は。雪も降ってたし」

ノートパソコンのタッチパッドを触り、望実は話す。

プリンターから吐き出された一枚のプリントを見て、巧巳が「あー」と恥ずかしそうな声を上げる。望実はそれを手に取り、頬を弛ませる。

「かっこよかったよー、巧巳くんの奮闘っぷり」

「こっちの友達にあまり見せられないなぁ、『お前実家でなにと戦ってるんだ？　熊とバトル？』とか言われそうで」

写真を見つめる二人は、くすくすと笑う。

望実は振り返り、穏やかな瞳で言う。

「——誘ってくれて、ありがとね」

「興味あったみたいだから」

鼻の頭を掻く巧巳。誇らしさと恥ずかしさから、微妙に行き場を失った

顔で言う。

「奇妙な祭りでさ、東京で喋ると奇祭扱いされるんだよなー」

「でも、なにもかもがフォトジェニックで良かったよ?」

望実は別のプリントを手に取り言う。

「天筆の書き初めも撮らせてくれたし」

「小学生の頃書いたなぁ、あれ。文字数が多いから大変さ」

幼い頃の故郷の記憶が、自然と彼の口を動かしていた。

「それを竹うちの時に焼くんだよねー。綺麗だったなぁ、あの風景は」

望美がもう一枚、別の写真に触れる。

「雪宮も面白かったよねぇ、あれもカマクラって言うんだっけ?」

「こっちのみんなの言うカマクラ、とは形が違うけどね」

「それになによりも――」

竹うちの合戦場のような光景の写真を手に、望実がほぅと息を盛らす。

「竹うち、迫力がすごかった。悲鳴出ちゃったもん」

「結構痛い思いをしたけどね」

望実が写真を、じっと見つめて言う。

「来年もまた、巧巳くんが頑張るところを撮らせてね?」

横手のかまくら（秋田県横手市）

文／氷上慧一
イラスト／田無小平

「かまくら」の語源

JR奥羽本線で秋田駅から1時間と少し。奥羽《おうう》山脈と出羽《でわ》山地に囲まれる形で広がる横手盆地の中央部に、秋田県で2番目に人口が多い都市として知られる横手市がある。

人が多いだけではなく、市街地の中を流れる横手川や横手市の西を流れる雄物川《おものがわ》などによって形成された肥沃な土地は、昔から人々に豊かな恵みをもたらしてきた。現在も稲作や果樹・野菜など農業が盛んで、農業産出額は県内第1位を記録している。

そんな横手市は毎年、寒さ厳しい2月15日、16日にメルヘンあふれる姿に変貌する。みちのくの冬の風物詩として親しまれている伝統行事「横手のかまくら」が開催されるのだ。

我々が雪遊びの一つとして連想する「かまくら」。カレンダーの挿絵や年賀状の定番の図案としてすっかりおなじみだが、元々は秋田県や新潟県などに伝わる小正月の伝統行事からきているそうだ。

その語源は諸説あるが、かまくらの原型はかまど型だったため、「かまど」が語源であるという説や、古い書物にかまくらの側に鎌倉大明神の旗が立てられている絵が描かれており、鎌倉大明神（鎌倉権五郎景政《かまくらごんごろうかげまさ》）を祀《まつ》ったとの記述があったことから「鎌倉」を語源とする説。

また、後述の通り、かまくらで作る雪《ゆき》室《むろ》は水神を祀る神様の御座所、即ち神《かみ》座《くら》であることから、この神座がかまくらに変化したという説もある。他にも幾つかの説が存在するが、断定するのは難しいようだ。

幾つかの風習が融合し昭和に入っても変化

横手のかまくらは、「横手の雪まつり」の一部として近年では観光行事の側面が強くなっているが、約450年もの長い歴史を持つ伝統行事である。その起源は、特定の神を祀ったことが出発点になっているわけではなく、この地方で行われていた幾つかの風習が徐々に変化し、集合することで生み出されたのではないかと言われている。

一つ目が武家の風習。当時、この地域は横手川を境に武士の町と商人の町が分かれていた。その武家が多くあった内町《うちまち》で行われていたのが、小正月の火祭りである「左《さ》義《ぎ》長《ちょう》」だ。武家では旧暦1月14日の夜に四角い雪の壁を作り、その中に門松や注連縄《しめなわ》などを入れ、お神酒や餅を供えてから燃やした。

元旦には家々に新年の幸せをもたらすために歳神《としがみ》が訪れると信じられていたので、門松や注連縄は歳神に「清浄な場所なので安心して滞在してください」という意図を示す縁起物である。

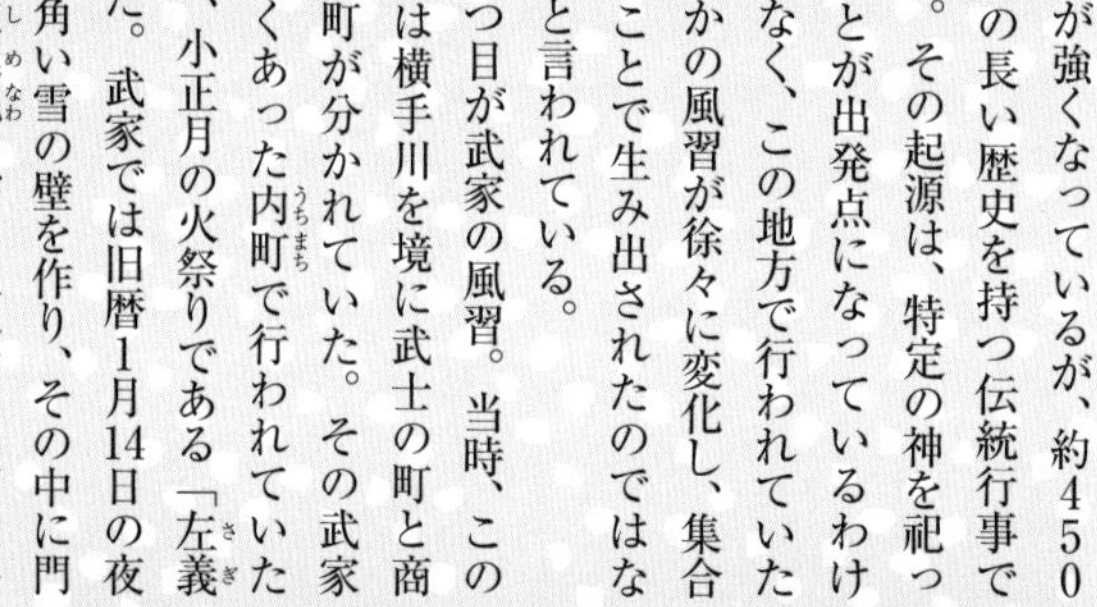
雪まつりの期間中、横手公園に作られたかまくら。奥に見えるのは横手公園の展望台となっている横手城（写真提供：横手市商工観光部観光おもてなし課）

元旦に訪れた歳神が帰るのが旧暦の1月15日であるため、小正月にこれらを焼くことで炎と共に見送り、災難を除き子どもの無事成長を祈るという風習なのだ。

二つ目が商人の風習。商人達の町で

ある外町《とまち》は井戸が少なく、慢性的に水不足で悩んでいた。そのため旧暦1月15日の夜に井戸の近くへ雪穴を作り、中に水神を祀って水への感謝を示し、商売繁盛を祈願していたという。

三つ目が子供達の遊び。豪雪地帯でもあるこの地域では、子供達が降り積もった雪に穴を掘って、その中に入って遊ぶ雪遊びが流行っていた。

これら三つの風習が徐々に一体となって、現在のような「かまくら」の原型が作られたとされている。

また、昭和に入ってもこの風習は変化している。

昭和29年（1954年）より開催が新暦の2月15日となり、その後、梵天《ぼんてん》や雪の芸術と合わせ前述の「雪まつり」が誕生する。

地元の中学生らによって蛇の崎川原の河川敷に作られた約3,500個ものミニカマクラ。ここにろうそくを灯す作業は、地元の人と共同でボランティアのサポートスタッフが行う（写真提供：一般社団法人 秋田県観光連盟）

かつて、かまくらは各家ごとに作られ、最盛期には約3000個もの数になっていたと言われるが、時代と共に交通量が増えた結果、昭和44年（1969年）頃になると市から規制を受けるようになり、限られた場所でしか作られなくなっていく。

一時はかまくらを作る技術が廃れそうになったが、これを惜しんで今では「かまくら職人」という役職を作って観光協会で募集するようになり、かまくらを作る風習を守り続けている。

その一方、身近なところでは、作りやすい形にすることでこの風習を残そうという試みもなされている。昭和46年（1971年）頃から起こったミニかまくら運動がそれで、多くのミニかまくらが作られるようになる。

市では「かまくら通り」を設け、本格的なかまくらはそこに作られるようになり、観光行事の側面が強くなっていった。

かまくらの制作と おもてなしの気持ち

毎年1月中旬になると、かまくら職人が活動を開始する。かまくらの制作は、実に1か月も前から始まるのだ。

かまくら職人達は、普段は農業など別の仕事に従事しているということもあるが、かまくら自体も時間をかけて作られる。4人一組になって半日かけて雪を積み上げ、3日ほど寝かした後にまた半日ほどをかけて穴を掘っていく。時間をかけて雪を固めることで簡単に崩れないようにするためだ。

日を追うごとに、横手公園やかまくら通り、他には横手駅前などに優雅な曲線を描くかまくらの数々が姿を現していく。

そしてすべての準備が終わり、2月15日。

夜の18時頃になると地元の小中学生達がかまくらの中に集まり始め、道行く人々に声をかける。

「はいってたんせ（かまくらに入ってください）」

「おがんでたんせ（水神様をおがんでください）」

あどけなく、少しだけ照れくさそうな純朴な笑顔に惹かれてお邪魔する。

客は神棚に祀られた水神様にお賽銭《さいせん》を供えると、子供達から甘酒《あまえこ》や餅などを振る舞ってもらい少しの間、談笑を楽しむのだ。

あるいは、中にろうそくを灯された無数のミニかまくらが立ち並ぶ風景を楽しむのもいいだろう。夜陰の中、地上に流れる天の川のような幻想的な光景を眺めるだけで時が経つのを忘れてしまいそうになる。

他にも横手市の各所では、様々な観光ポイントが用意される。観光客は点在する観光ポイントを巡り歩くような形になるが、市では巡回バスも出しており、その全てを体験しようと思えば、さながら横手市全体を巡るスタンプラリーのような忙しさになることだろう。

もちろん、見たいものを絞ってゆっくりと情緒を楽しむのもいい。

これらは、北国の生活で培われた、訪れた人をもてなしたいという気持ちの表れだ。

空気は肌が切れそうなほど冷たくとも、そこに確かに存在する温かなおもてなしの気持ちを味わいに訪れるのもいいのではないだろうか。

開催時期	毎年2月15日、16日
開催場所	秋田県横手市横手地域内
見学の可否	可
一般参加の可否	可（サポートスタッフとして）
交通アクセス	【公共交通】JR奥羽本線 横手駅から徒歩で約10分 【車】秋田自動車道 横手ICから国道13号を経由して約7km（約12分）
お問い合わせ	横手市観光協会（TEL:0182-33-7111）

年明けムードも薄らいでしばらく経った2月15日の夜。

私はぽつんと、横手公園に立ち尽くしていた。

寒い！　おまけに雪まで降ってきて途方に暮れる。

横手のかまくらを見に来たのだが、一緒に来た友人の姿が見えないのだ。どこかで雪をやり過ごしたいが、一人で入るわけにもいかず、ずっとうろうろと歩き回っていたのである。

それでも一向に出会えないので、「もしかして……」と幾つもあるかまくらを見て回っていると……、

「瑞穂《みずほ》！　こんなところにいたっ！」

ちゃっかりと一人で火鉢にあたって甘酒を振る舞われていたのだ。

「あ、早苗《さなえ》、遅かったじゃん？」

「遅かったじゃん、じゃないわよっ！　なんで待っててくれないのよぉ」

お手洗いに行くために離れた私も悪いかもしれない。いやでも、一人で進んじゃうなんてヒドくない？

「あんた、スマホの電源切ってるの？」

「そんなことないけど……。わぁ、着歴が一杯だ」

のんびりした瑞穂の物言いに、私は軽く溜息をついた。

「えへへ、寒かったんだもん」

この子の場合、悪気がないので怒りを持続させづらい。

「……もう、あんたって昔からそうだ

もんねぇ」

「早苗って、優しいから好き〜」

昔から、何かあってもこれがデフォだ。

「はいってたんせ〜、おがんでたんせ〜」

文句が一段落したと見て取ったのか、かまくらの中から声がかけられる。

小学生ぐらいの女の子だろう。どてらを着込んで、ふっくらと着ぶくれした姿とあどけない笑顔がとてつもなく愛らしい。

「やだ、可愛い」

「でしょう⁉」

思わず出た感想に、瑞穂は何故か我が事のように自慢げになった。

「私もね、早苗を待ってなきゃとは思ってたのよ？　でもこの可愛い声に逆らえるはずがないじゃない？　つまり私に罪はないっ！」

「あんたって子は……」

「ほらほら、早苗も入らせてもらいなさいよ。火鉢、暖かいわよ」

「はいってたんせ〜、おがんでたんせ〜」

終了まであと一時間。

瑞穂へのお小言は後に回すことにして、私は雪ん子達との会話を楽しむ方へとシフトしたのだった。

上郷の小正月行事（秋田県にかほ市）

文／有馬桓次郎
イラスト／ハナモト

小正月に合わせて行われる年中行事

小正月《こしょうがつ》とは、現在の新暦で1月15日のこと。

元日を大正月《だいしょうがつ》と呼ぶのに対して名付けられたもので、古くはこの日までを松の内として人々は玄関先に門松を掲げていた。

あわせて正月を終え新たな一年を始める日でもあり、全国的に見てもこの小正月に邪気祓《じゃきばら》いや豊年祈願、または成人式などの門出を祝う祭礼が多く執り行われてきた。

その秀麗な山容から「出羽富士《でわふじ》」とも称される鳥海山《ちょうかいさん》の北麓、にかほ市象《きさ》潟《かた》町の横岡地区と大森地区。かつて上《かみ》郷村《ごうむら》と呼ばれていたこの地域では、毎年の小正月に合わせ、子供たちが祭主となって五穀豊穣、無病息災、安産祈願などを祈る年中行事が今も行われている。

横岡地区の道沿いに祀られた男性のシンボルを象ったサエの神と、その隣に作られたサエの神小屋（写真提供：にかほ市象潟郷土資料館）

同地域の小正月行事は、無病息災や子孫繁栄を願う「サエの神」行事と豊年祈願の「鳥追い」行事が一緒に執り行われる全国的にも非常に珍しい小正月行事で、平成10年（1998年）には「上郷の小正月行事」として国の重要無形民俗文化財に指定された。

サエの神は「サイノカミ」が変じた言葉で、「賽《さい》の神」「才の神」とも書く。日本全国にて見られる風習で、集落の入口に置かれて厄災の侵入を防ぎ、五穀豊穣や子宝祈願、子孫繁栄などの御利益がある道祖神の一種だ。

そして「鳥追い」は田畑を鳥獣の被害から守ることを祈念して行われる豊年行事で、主として東日本の農村部で小正月に行われる年中行事である。

これまでは1月15日が「上郷の小正月行事」の本番の日であったが、近年は平日開催になると参加できない人々も多くなったため、15日以前の土日に開催されている。行事の内容は、サエの神小屋作り、小屋焼き、鳥追いなどは共通しているが、横岡地区と大森地区では形態が多少異なる。

横岡地区では、行事に向けた準備は新年が明けてすぐ、各家庭での「ノサ作り」から始まる。

それぞれの家の男子の数だけ、藁束《わらたば》の中に串柿・ゆずり葉・昆布・魚・するめ・からむしの糸・炭などを包んだノサ（ヌサともいう）を作り、それを茶の間の囲炉裏から見て恵方、この地方でいう歳徳《さいとく》の方角に吊るしておく。

ノサはその年の福徳を掌る歳徳神《さいとくしん》の依り代であり、人々は新たな年における家族の健康と繁栄をノサに込めて祈るのだ。各戸でつくられたノサは、後に集められてサエの神の脇に建てられる藁小屋（サエの神小屋）に納められる。

横岡地区には集落内を通る道沿いの4か所に男性のシンボルを象《かたど》ったサエの神が祀られており、その近くに藁小屋（サエの神小屋）を建て、集めたノサを入口の上部に飾りつける。

かつては祭主である子供たちが本番の日まで小屋に籠もっていたそうだが、現在は児童数の減少や生活習慣の変化により小屋に籠もることは無くなった。厳冬期にかかる1月、雪に覆われた田畑に建つ藁小屋はことのほか寒々しいが、当時は中から子供たちの賑やかな声が響いていたことだろう。

子供たちが主役の複合的な行事

行事本番の日、早朝に人々がサエの神の前に集まり、その神前で年齢の数だけ餅を削って各戸に持ち帰っていく。サエの神の前で削った餅は縁起物として珍重され、それを口にした者には無病息災の御利益があるという。

朝8時には「サエの神小屋焼き」が始まる。集落の外れ、田畑の一角に本尊の石神が祀られており、そこからの狼煙《のろし》を合図に4か所のサエの神小屋へ一斉に火が放たれるのだ。本尊での狼煙役は、横岡の集落を最初に開いたという旧家 齋藤家の当主が代々務めている。

乾燥しきった藁小屋は瞬く間に火に包まれる。最後まで燃え残った組が一番の豊作になると考えられており、以前は他の小屋が燃えていく様を囃《はや》したてる子供たちの姿が見られたという。また、煙のなびく方向が歳徳の方角なら豊作、その逆方向なら凶作とされ、人々の炎を見つめる目にはどこか真剣さが漂っている。

あわせて、同集落では「雪中田植え」も行われた。これは豆ガラと稲藁を束ねた株を12本作り、雪に覆われた田畑の歳徳の方角へ植えるもので、その年の豊作をサエの神に祈願する意味合いがあるという。しかし、近年、この雪中田植えを行う人も見かけなくなった。

夕方から始まるのは「鳥追い」行事だ。横岡地区では16時から中学生の太鼓を先頭に子供たちで行列を作り、「鳥追いの唄」や「サエの神の唄」を唄いながら集落のなかを練り歩く。

鳥追いは「三番鳥」まで行われる。最初の「一番鳥」は4か所のサエの神小屋の焼け跡を3周ずつ巡り、夕食をはさんだ「二番鳥」では「餅もらいの唄」を唄いながら家々を巡る。前年に不幸があった家には回らない決まりがあるという。

そして翌16日早朝、子供頭をつとめた中学生だけで「鳥追いの唄」を唄いながら集落を巡る「三番鳥」を行い、ようやくすべての小正月行事が終了となる。

大森地区だけに伝わる奇習

一方、大森地区のサエの神小屋は1か所で、集落の西端にあるサエの神の祠《ほこら》の近くの道路端に建てられる。

本番の日、午前10時頃、男の子たちはサエの神の祠を拝み、小屋に火を点けて鳥追いサエの神の唄を歌う。

小屋焼きと前後して、女子や大人に引率された就学前の子供たちが家々を巡り始める。これは「ショドメ参った」と呼ばれる慣わしで、ショドメは「早乙女」と書く。現在は男の子も参加できるが、もともとは晴れ着を着込んだ小さな女の子が主役であり、集落の人々へ子供の顔見せの意味合いもあったようだ。

子供たちは訪れた家の玄関先で「ショドメ参った」と唱え、かつては背負ったカゴに餅を入れてもらっていたという。現在は餅がお菓子に変わり、リュックや橇《そり》に積んで雪道を歩いていくさまは誠に可愛らしいものがある。

大森地区の鳥追い行列が行われるのは昼13時から、回数も一度きりしかない。

ただし、この地区では鳥追い行列の合間に初嫁、つまり新婚女性のいる家において「嫁つつき」と呼ばれる極めて珍しい行事が挟まれる。

これは座敷に座った初嫁の前に御神体を置き、3人の小学生が初嫁棒で畳を突きながら「初嫁出せじゃ、つつくは今だ」と唱えつつ周囲を回るというもの。だいたい3回ほどまわったところで、新郎から「あと止めてけれ」の声が掛かって終了となる。

嫁つつきには子宝祈願、そして子孫繁栄の願いが込められており、全国的にみてもここ旧上郷村大森地区だけに伝わる奇習である。

少子化が進み、この小正月行事も大きく変化しているが、その真髄は変わらず受け継がれていくことだろう。

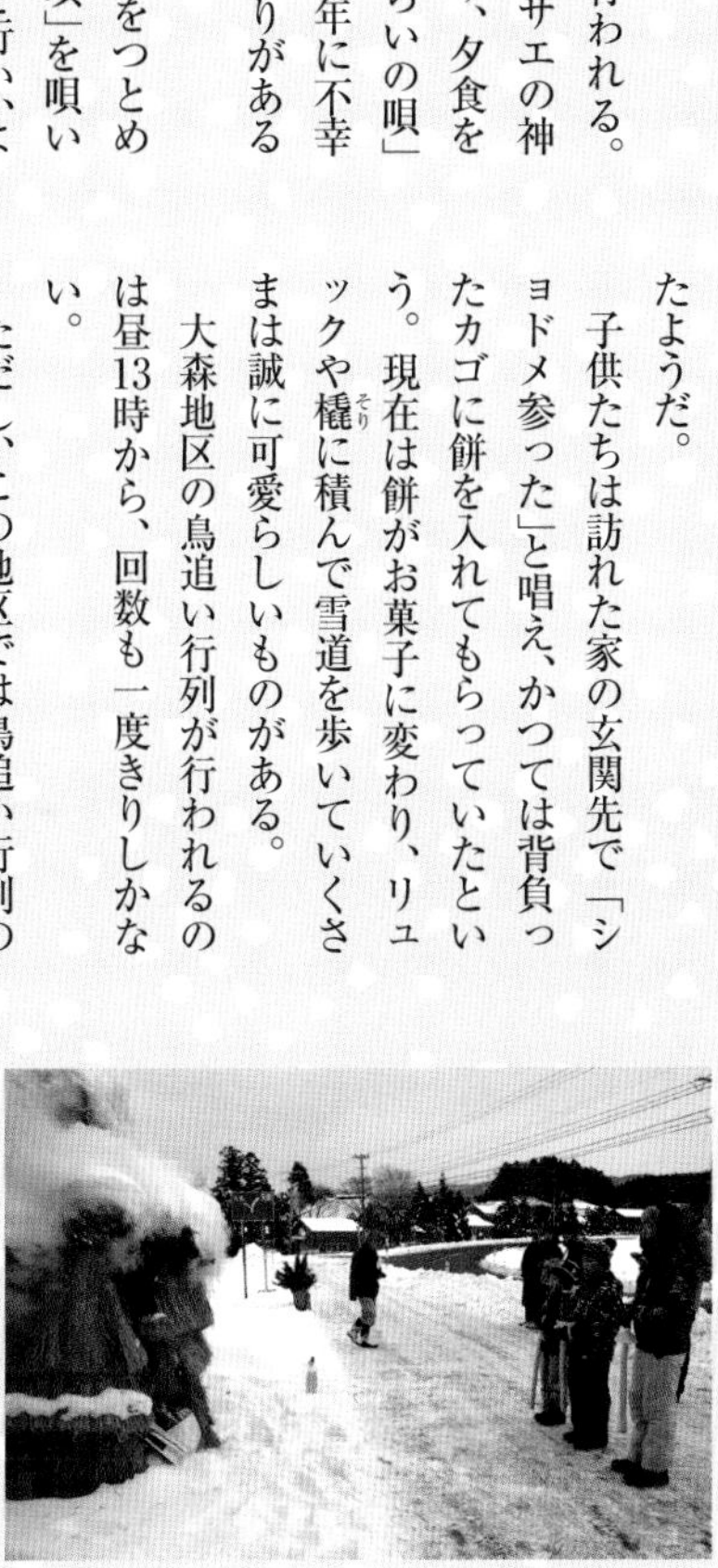

大森地区におけるサエの神小屋焼きの様子。小中学生らが立ち会っている
(写真提供:にかほ市象潟郷土資料館)

開催時期	毎年1月15日に近い土曜日
開催場所	秋田県にかほ市象潟町の横岡地区と大森地区
見学の可否	可
一般参加の可否	不可
交通アクセス	【公共交通】JR羽越本線 象潟駅から路線バスで約23分 【車】日本海東北自動車道 象潟ICから県道131号を経由して約16km(約20分)
お問い合わせ	にかほ市観光協会 (TEL:0184-43-6608)

彼らがやって来たのは、午後1時を少し過ぎた頃だった。晴れ着をまとった私は、奥の別室に控えてその時を待っている。玄関の戸をくぐって入ってきたのは、手に手に長い棒を持った小学生くらいの男の子達だった。

家人に出迎えられ、男の子達は座敷に通された。座敷の真ん中には緋色の座布団が一枚、その周りを囲んだ男の子達は、棒で畳を突きながら唱和する。

「初嫁出せじゃ！　初嫁出せじゃ！」

さあ、私の出番ね。

私は別室から座敷に入ると、そっと座布団に正座する。背筋をぴんと伸ばして、笑顔を絶やさないように。緊張が仕草に出てないといいけれど。

「……せーの！」

どうやらリーダー格らしい子が小さな声で合図すると、男の子達は畳を突きながら、私の周りを回り始める。

「つつくは今だ！　つつくは今だ！　つつくは――」

――儀式自体は簡単なものだよ。

そう、私の夫になった人は言った。

一月十五日、お嫁さんを迎えることになった家に集落の子供たちがやってきて、棒で床をつつきながらお嫁さんの周囲をぐるぐると回る。子宝に

恵まれるとか、子孫繁栄みたいな御利益があるらしいけど、あの人は「面倒臭ければやらなくてもいい」と言ってくれた。そもそもここ数年は集落に嫁いでくる人がいなくて中断していたのだという。

でも私は、この儀式へ参加することを決めた。

こういう古くから伝わる風習っていうのは新鮮に映ったし、それに何より……集落の一員として、私を迎えてくれる気がしたから。この儀式を通して、この集落に流れる空気へ溶け込む事ができるなら、それはどれほどに素晴らしい事なんだろう。そう、私は思ったのだ。

回る回る。棒で畳をつつきながら、男の子達は私の周囲を回り続ける。

ちょうど三回まわり終えたところで、脇に控えていた紋付き袴姿のあの人が声を掛けた。

「あと止めてけれ」

唐突に、儀式は終わった。

その後、夫とともに男の子達に甘酒やごちそうを振る舞ってもてなし、大きな重ね餅を持たせた。男の子達は一礼をして座敷を去っていく。

遠ざかっていく男の子達の背中を雪の中に見送りながら、私は静かに願った。どうか、この先の空気が安らかなものになりますように、と。

西馬音内盆踊り（秋田県羽後町）

文／有馬桓次郎
イラスト／ふそう

日本三大盆踊りの一つ

奥羽本線の湯沢駅から西に約10㎞。遠くに出羽山地の柔らかな稜線を望む、秋田県は羽後町の中心地 西馬音内《にしもない》。

四方を稲田に囲まれたのどかな田園都市は、毎年お盆の時期になるとお囃《はや》子《し》の音が響き渡り、全国から多くの見物客が訪れる観光都市に生まれ変わる。徳島の「阿波《あわ》踊り」、岐阜の「郡上《ぐじょう》踊り」とならぶ日本三大盆踊りの一つ、「西馬《にし》音内《もない》盆踊り」が8月16日～18日の日程で開催されるのだ。

通りに列を成した西馬音内盆踊りの踊り手たち。その衣装は端縫の着物と編笠、または浴衣と黒い彦三頭巾の二種に大別できる（写真提供：一般社団法人 秋田県観光連盟）

その起源は諸説あるが、ひとつは鎌倉時代の正応年間に蔵王権現《ざおうごんげん》を勧請した（現在の西馬音内御嶽《みたけ》神社）源親《げんしん》という僧が、その境内で村人に豊年祈願として踊らせたものという。

そこへ慶長6年（1601年）に流亡した西馬音内城主 小野寺茂道の一族を偲《しの》び、遺臣の手で行われていた亡者踊りが江戸時代中期に融合し、西馬音内盆踊りの源流になったと伝えられている。

昭和10年（1935年）に東京で開催された全国郷土舞踊民謡大会への出演を契機として、長い歴史の間に自己流になりつつあった振り付けを伝統様式に統一。さらに囃子方を笛・太鼓・三味線・鼓《つづみ》・鉦《しょう》の5種として音曲に深みをもたせ、踊り手の衣装を2種に揃えることで、現代まで踊り継がれてきた西馬音内盆踊りの基本形が完成したのである。

昭和56年（1981年）には、盆踊りとしては日本初となる国の重要無形民俗文化財に指定。令和4年（2022年）、人々の願いと祈りが込められた儀式的踊り「風流踊《ふりゅうおどり》」の一つとしてユネスコ無形文化遺産登録の代表行事に選出されている。

この踊りの特徴である二つの衣装の違い

8月16日、夕刻。

夏の太陽が出羽の山並みの向こうに消える頃、町内に「寄せ太鼓」のお囃子が響き渡る。通り沿いに組まれた囃子櫓《やぐら》から小気味よく打ち鳴らされる勇壮な太鼓と笛の音色は、このあと三夜におよぶ祭りの開幕を告げる音だ。

やがて音曲が「寄せ太鼓」から「音《おん》頭《ど》」へ変わり、いよいよ盆踊りは本番を迎える。北前船《きたまえぶね》（かつて大阪と北海道を海路で結んだ交易船）を介して上方文化の影響を受けたといわれる音頭は、笛を主役としたどこか妖しくも艶やかな響きの音曲で、踊りの所作も洗練されていながら女性的でたおやかだ。

最初は浴衣《ゆかた》に身を包み鉢巻《はちまき》を締めた子供たちから。この地に生まれた人々は幼い頃から踊りの振り付けを学び、地元の学校では教育の一環として踊りを取り入れることで、歴史あるこの祭りを未来まで伝えていく努力を続けている。

いつしか子供たちの姿が消え、篝火《かがりび》が焚かれた通りには大人たちが整然と並んで踊り始めている。

「時勢はどうでも　世間はなんでも
踊りこ踊たんせ　日本開びゃく　天の
岩戸も　踊りで夜が明けた」

「ドドンと響いた櫓太鼓に　集まる踊

り娘は　馬音の流れに産湯を使った
綺麗な嫁コ達」
「隣の娘さ　踊りこ教えだば　ふんどし礼にもらた　さっそく持て来て　嬶《かが》どさ見せだば横面なぐられた」

ユーモラスな歌詞の「地口《じぐち》」と呼ばれる歌にあわせて踊る大人たちは、色鮮やかな端縫《はぬい》の着物、または藍染《あいぞめ》浴衣に身を包み、編笠や黒い彦三頭巾《ひこさずきん》を被っている。

どちらの踊り手も顔を隠しており、踊りの所作からは老若をうかがい知ることはできない。これは身分や立場の上下なく踊りに参加できるようにするためとも、かつて盆踊りが貴重な男女の出会いの場であった名残ともいわれているが、はっきりとしたことは分かっていない。

そしてこの二つの衣装の違いこそ、他では見られない西馬音内盆踊りならではの特徴なのである。

色鮮やかな端縫着物は、一人前の踊り手と認められた女性のみが着ることを許されるもの。「端縫《はぬい》」とは様々な絹布の切れ端を左右対称に縫い合わせて着物に仕立てたもので、当然ながら一着として同じ模様は存在せず、古いものでは江戸時代から代々受け継がれてきたものもあるという。

女性たちが華やかな衣装で踊るなか、一方で夜に溶け込むような黒い彦三頭巾に藍染浴衣の踊り手も舞っている。まるで暗闇が人の形を取ったようなその姿は、見る者に一種異様な感覚を抱かせる。

その正体は「亡者」。端縫着物の女性たちが「生者」であるとするなら、黒頭巾に藍染浴衣の者たちは現世に戻ってきた先祖の霊を表しているのだとも考えられる。

沿道には囃子櫓が設けられ、囃子手によって太鼓と笛の音色が奏でられる。毎年、この踊りを見ようと多数の観光客が訪れる（写真提供：羽後町役場 みらい産業交流課）

先祖の霊を弔う再会と別離の舞踊

夜も更けて祭りがその日の後半にさしかかると、音曲は「音頭」から「がんけ」へと移っていく。

がんけの由来は、月夜を飛ぶ雁《かり》の姿を表す「雁形《がんけい》」とも、現世の悲運を悼《いた》み来世の幸運を願う「願生化生《がんしょうけしょう》」からともいわれ、それにあわせる踊りも回転を伴ったより流れるような所作へと変化する。

「お盆恋しや　かがり火恋し　まして踊り子　なお恋し」
「今宵ひと夜は　力のかぎり　踊れ東の　しらむまで」
「月は更けゆく　踊りは冴える　雲井はるかに　雁の声」

歌も七七七五の「甚句《じんく》」に変わり、どこまでも遠く広がっていくようなその歌声にあわせて、踊り手の人々は彼方へ飛び去っていく雁の群れが如く、ゆったりと優雅に踊り続ける。

生者と亡者。篝火のはかない光が浮かび上がらせた幻想的な風景のなかで、人々は雁の背に乗って彼岸へと去っていく先祖の霊を思い描き、その旅路が平穏無事であるようにと踊りを通じて祈り続けるのだ。

もともと盆踊りは平安時代の踊念仏《おどりねんぶつ》を発祥とし、やがて死者を供養する年中行事として定着していった歴史を持つ。初期の盆踊りでは、初盆を迎えた家の前で亡者に扮した人々が輪になって踊り、死者を盛大に弔っていたのだという。

西馬音内盆踊りは、原初の盆踊りの姿を今も色濃く残した祭りであり、今を生きる人々と先祖の霊が一時の間だけ同じ音曲を共にする再会と別離の舞踊なのである。

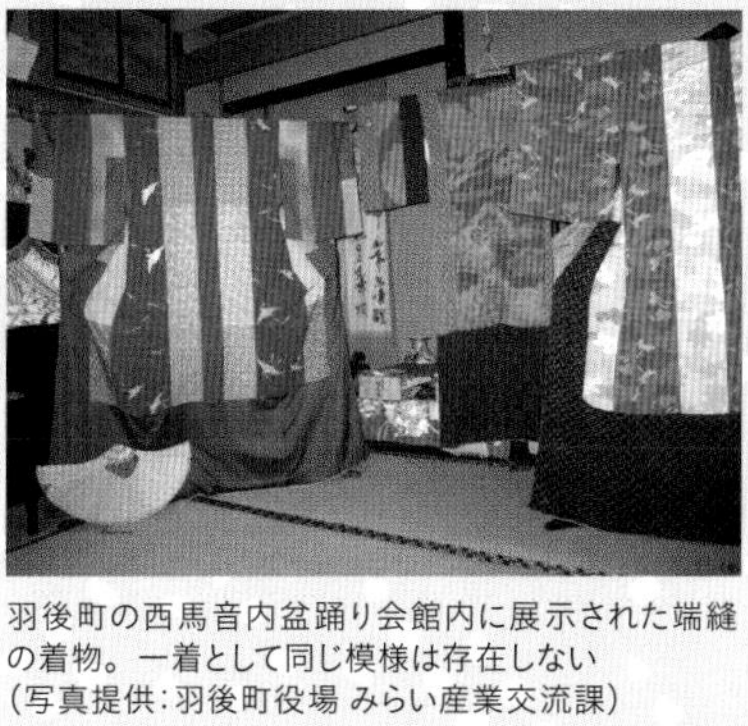

羽後町の西馬音内盆踊り会館内に展示された端縫の着物。一着として同じ模様は存在しない（写真提供：羽後町役場 みらい産業交流課）

開催時期	毎年8月16日から18日までの3日間
開催場所	秋田県雄勝郡羽後町 西馬音内本町通り
見学の可否	可
一般参加の可否	原則不可
交通アクセス	【公共交通】JR奥羽本線 湯沢駅から羽後交通路線バスで約20分 【車】秋田自動車道（湯沢横手道路）湯沢ICから国道398号線を経由して約8km（約12分）
お問い合わせ	羽後町役場 みらい産業交流課（TEL:0183-62-2111）

『見つけられるものなら見つけてみろ！』

そんなメールを受け取り、電車とタクシーを乗り継いで西馬音内《にしもない》へやってきた僕が見たものは、編笠や頭巾で顔を隠した踊り手たちが、町の通りに整然と並んだ光景だった。

これじゃ、誰が誰やら判らない。

僕はメールに添付されていた写真を頼りに、篝火《かがりび》の光で朧《おぼろ》に浮かんだ通りを歩いていく。写真には、色とりどりの布地をパッチワークのように繋いだような、変わった柄の着物に身を包んだ彼女の姿が映っている。

彼女は、会社の同期だった。

秋田の西馬音内から出てきたという彼女はいつも元気いっぱいに、引っ込み思案な僕の背中を押して先へと導いてくれる女性だった。喜怒哀楽がはっきりしていて、一挙手一投足は指先まで勢いがあって、でもおっちょこちょいなところもある女性だった。

そして——僕が、恋をしている人だった。

この夏、彼女と休暇が重なることを知った僕は、彼女をデートに誘おうと思っていたのだ。そして、彼女へ一世一代の告白をする。そう決意していたのに、まさか彼女が休暇に合わせて里帰りする予定だと知った時には、ショックで二日ほど寝込んだほどだ。

そんな彼女から送られてきたメールに僕はいてもたってもいられず、電車に飛び乗ってここまでやってきたのである。

夜空に響く祭り囃子《ばやし》にあわせて、踊り手たちはゆったりと舞い続けている。篝火の光だけが照らし出すなかで、列を成す踊り手の着物の柄なんてとても見分けられなかったが

……見つけた。

間違いない。ちょうど囃子櫓《はやしやぐら》の正面、列の中央で踊っているのが、彼女だ。

着物の柄で見つけた訳じゃない。編笠で隠された顔を覗いた訳でもない。その踊り手の所作は、手の動きや足捌きが他よりも勢いがあって、ほんの少しだけテンポを外していたから――。

こちらを振り向いた彼女の踊りが、わずかに鈍る。どうやら自分を見つめる視線に気付いたらしい。彼女が内心で驚いているのが手に取るように判る。僕は、胸の前で小さく手を振るだけに留めた――どうだ、見つけたぞ。

朗々と響き渡る甚句にあわせ、彼女は篝火のぼんやりとした光の中で舞い続ける。それは流れるように柔らかく、どこまでも艶《あで》やかで――何よりも綺麗な、彼女の姿だった。

秋田市の竿燈大通りに、あの「どっこいしょー、どっこいしょ」の掛け声が帰ってきました。令和2年、令和3年は開催中止、去年は掛け声をスピーカーから放送するなど制限のある中での開催だった「秋田竿燈《かんとう》まつり」の4年ぶりの完全開催です。

無数の提灯が揺らめく竿燈を夜空に掲げ、厄除けと五穀豊穣を祈ります。大きいものではビルの4階に達する高さの竿燈の姿は一度目にしたら忘れられません。その竿燈を操る「差し手」の人たちは、手のひら、額、肩、腰で支える妙技を披露します。

そんな祭りのもう一つの主役が囃子方、笛と太鼓で祭りを盛り上げます。軽快なリズムの流し囃子は竿燈の大通り入場にあわせて、そして激しく力強い本囃子は竿燈が配置に付き、竿が一斉に立ち上がるタイミングで演奏されます。各町内が各々自分たちの技を磨き、大人も子供も全員が主人公になれる。それが秋田竿燈まつりです。

イラストと文／桐沢十三

第三章

南東北（宮城／山形／福島）

アンバサン(宮城県石巻市)

文/ひびき遊
イラスト/マキオ

漁港を擁する都市で安らかな波を願う

宮城県石巻市《いしのまき》。

その名前を聞くだけで、平成23年(2011年)の東日本大震災を思い出す人もいるだろう。宮城はこの震災により全国で最も多い犠牲者が出た県であり、石巻市では震度6強の地震に見舞われ、津波の被害も大きかった。1万人以上が亡くなり、いまだ1000人以上が行方不明。冥福を祈るばかりである。

石巻市長面《ながづら》地区では、震災前は約500人が暮らしていた。しかし津波により壊滅的な被害を受けたため、自然災害から市民の生命を守るために設定された「災害危険区域」に指定されてしまう。これは住宅等の新築や建て替え、増築・改築等ができなくなるというものだ。すなわち、現在は居住ができない「非可住地域」となっている。

しかし驚くべきことに、そんな石巻市長面地区にある、北野神社末社の大杉神社で祭事「アンバサン」は行われている。

奇祭と呼ばれる「アンバサン」だが、その印象はカタカナの名前にもあるだろう。それだけ読んでも、意味が分からないはずだ。しかしこれはもともと、大杉神社の別名だという。

「波が安らかになるように」

その願いから「安波《あんば》さん」「安波山《あんばさん》」と呼んだことが由来とされる。

これはこの地域に限った話ではない。茨城県から岩手県にかけた沿岸部の漁村地域に、大杉神社は散在する。それらはアンバ(安波)と呼ぶ、航海の安全や大漁の神を信仰してきた。

北野神社自体は学問の神、菅原道真《すがわらのみちざね》公を奉っている。だが石巻市は、海に面した地区だ。津波で被害を受けたことから分かるように、もともと美しい入り江を持つ。だからこそ末社として、海の神を信仰する大杉神社も一緒に構えたのだろう。

大杉神社の「あんばさま総本宮」は茨城県稲敷市《いなしき》にある。こちらの歴史を紐解くと、この地はかつて菟上《うなかみ》之《の》国《くに》という国の一部であり、菟上《うなかみ》は「海上」とも書くように常総内海の交易で栄えたという。

その中でも大きな杉は、航路標識の役割を果たしていた。そのため、それが「舟運交通守護の神」となったようだ。またこの地が「あんば」と呼ばれていたため、巨杉に鎮座する神を「あんばさま」と呼んだとのこと。

巨杉のうち安永7年(1778年)に「太郎杉」は消失したが、樹齢千年の「次郎杉」「三郎杉」を今でも御神木として、「あんばさま」として奉っている。

こちらを総本宮とする大杉神社は、全国に670社もあるという。それは舟であちこち移動する人々に信仰された証だろう。

茨城県稲敷市にある「あんばさま総本宮」大杉神社
(写真提供:大杉神社)

大根で顔に煤をつけるこの地独特の習わし

石巻市長面の大杉神社で行われる「アンバサン」もまた、海に祈りが捧げられる。大漁の他に、五穀豊穣・無病息災・身体健康なども含まれる。

しかし、その祭事がいつ始まったのかは明らかではない。

北野神社にある神輿《みこし》は慶長10年（1605年）に作られたことが分かっており、同時期に「アンバサン」も始められたのなら、400年以上もの歴史があることになる。令和元年（2019年）、石巻市はその歴史的価値を認め民俗文化財に指定した。

これは震災後も、氏子《うじこ》や地域を離れた住民たちによって、滞ることなく祭事が行われてきたおかげだ。平成24年（2012年）に「災害危険区域」となり、人が住めなくなったというのに。

だからこそ、だろうか。平成28年（2016年）には「アンバサン保存会」も発足され、元の地域住民を繋ぐ役割も果たしている。

大根の切り口を押しつけられ、額や頬に「ヘソビ」（煤）をつけられた参拝者たち。皆が満面の笑顔だ（写真提供：アンバサン保存会）

「アンバサン」は毎年、2月8日の前後の日曜日に執り行われる。

まずは集まった人々が、曹洞宗龍谷《りゅうこく》院《いん》にて百万篇の念仏供養を行うことから始まる。「アンバサン」自体は午後からだ。

独特の習わしとして、竈《かまど》から集めた煤《すす》「ヘソビ」を、切った大根につける。そして、境内に集まり玉串を奉じた参列者は、次々に宮司から大根を押し当てられる。輪切りにされた大根の断面どおりに、額や頬に丸くヘソビがつく。別名「ヘソビつけ祭り」とも呼ばれる所以だ。

全国でも「顔に煤をつける」祭事は、この「アンバサン」だけである。

しかしヘソビで汚れた顔は皆、ほころんでいる。これは縁起物なのだ。配られた小さな輪切りの大根で、お互いにヘソビをこすりつけ合う人たちもいる。こうして顔に煤を塗ることで、一年間の無病息災・除災招福を祈願するのだ。

そして最後に全員が、境内から長面地区の集落跡を向き、太鼓の音色に合わせて唱え言葉を披露する。

「安波大杉大明神、悪魔を祓《はら》うてヨーヤナ、ヨーヤ、ヨーヤ、ヨーヤナ」

「大漁《だいりょう》大漁ダー、満作満作満作ダー」

宮司の先導に続きこれを三度唱和することで、大漁と五穀豊穣を願うのだ。コロナ禍の中では中止になったが、最後は餅や菓子をまいて締めくくられる。

ちなみにヘソビは夜、風呂に入るまで落としてはいけないと言われている。

被災した元住民たちの想いが込められた行事

かつて「アンバサン」は、この地域に前年嫁いできた女性に、煤をつけるという習わしだった。お嫁さん本人が参拝しなければならないのだが、若い女性にとっては怖い行事で、なかなか出向けなかったという。それは大木に隠れた人が、急に飛び出して煤をつけようとしてくるせいだった。

一方、この日は無礼講であった。子どもたちも、地区内の道行く人に煤を塗っていたという。やがて過疎が進み、参列者同士でつけ合う今のかたちになった。

震災の後は、併せて復興の祈願も含まれている。

高台となった境内から見下ろせる景色は、平成23年（2011年）以降大きく変わってしまった。それでも参列者は、失われたかつての美しい姿を思い浮かべているのかもしれない。

確かに、大根についた煤を塗り合う「アンバサン」は奇祭だ。しかし、そこには東日本大震災で被災し、移転を余儀なくされた元住民たちの想いが込められている。

「波が安らかになるように」

再び、あのような大津波がこないよう、自然災害の前には祈るしかない。「アンバサン」が継承されている理由は、この純粋な願いからだろう。

そんな祭事が大根と煤を使うというのは、本当に面白い。笑顔が絶えないというのも素晴らしいが、見聞きするだけでこちらもつい、くすりとさせられる。人の営みにとって何が大事かを教えてくれる、大切な行事だろう。

開催時期	毎年2月8日の前後の日曜日
開催場所	宮城県石巻市長面字大入山 大杉神社
見学の可否	可
一般参加の可否	不可
交通アクセス	【公共交通】JR石巻線 鹿又駅からタクシーで約25分 【車】三陸自動車道 河北ICから県道30号を経由して約18km（約25分）
お問い合わせ	アンバサン保存会 （TEL:0225-75-2260）

一年に一度、石巻の入り江が見える境内で「アンバサン」が行われる。

集まったのは数十人ほど。小さな祭りだ。でも、この地に住んでいた私たちは毎年、集まるようにしている。ここを離れることになった、あの大震災の翌年から。

「恵美《えみ》ちゃーん！ 元気しとったっちゃ？」

ニット帽をかぶった眼鏡の女の子が、私を見つけてやってくる。方言の響きだけで懐かしくなり、私は笑顔で頷《うなず》いた。一つ年下の、ご近所さんだった梅ちゃんだ。その頃の家はもう、津波に流されてしまった。だから今は別れて暮らしているけど、こうして祭りで再会すれば、昔のように仲良くなれる。

それは私たちだけじゃない。ここに集まった大人たちもそうだ。

その顔に宮司さんが、手にした大根で、ぺたんと煤をつけていく。

うーん、何度見ても、やっぱり。

「変な祭りだっちゃ」

梅ちゃんが言う。だけどその手には、輪切りにされた大根が二つ握られていた。もちろん断面にはしっかりと黒い煤がつけられている。

「……持ってくるの早くない？ 梅ちゃん」

「いーのいーの。こういうのは縁起物だっちゃ。はい、恵美ちゃん！」

強引に大根を一つ持たされた。と思ったら、頬にぺたりという感触が。「してやったり」と、梅ちゃんの目が細められる。

「やったなー。えい！」

ぺたり！　私も仕返しに、大根の輪切りを押し付けた。

「ひゃっ！　つめたーい！」

くっきりと梅ちゃんのほっぺに、煤の円ができあがる。ぷっ、と私たちは一緒になって噴き出した。

ううん、この場にいたみんなもそうだ。おでこや頬を煤に染めて、互いに笑みを交わしている。本当に変なお祭り。でも、私も梅ちゃんもまたここに来るだろう。元気な姿を、この地でいなくなってしまった両親に見せるためにも。

「ところで梅ちゃん、お守り買えた？」

「……売り切れてた！　限定20は厳しいっちゃ」

「そう思って2個、買っといたわ」

「！　恵美ちゃん、最高ー!!」

私が、大根を模した木のお守りを見せれば、梅ちゃんが飛びついてくる。そのはずみだろう。ぴょんと離れた彼女の頬は、擦れた煤で真っ黒になった。

でも、それはお互い様か。

私の顔を見て、ぷぷっ、と梅ちゃんが笑っていた。

仙台七夕まつり（宮城県仙台市）

文／ひびき遊
イラスト／ふぞう

中央通りなどを彩る三千本もの笹飾り

7月7日に願いごとを書いた短冊《たんざく》を吊るす、七夕まつり。その中でも日本一と名高いのが、宮城県仙台市で行われる「仙台七夕まつり」である。

ただ笹に短冊を飾るだけでなく、高さ10mを超える竹に、絢爛《けんらん》豪華な吹き流しや仕掛けものといった「笹飾り」を吊るすのが特徴である。

中央通りを行き交う人々が足を止め、七夕飾りの吹き流しに見入っている様子（写真提供：仙台商工会議所）

大規模な飾り付けがされるのは、仙台駅前から中央通り、一番町通りのアーケード街にかけてだ。それ以外にも商店街組織ごとや、店舗や各家庭でも行われ、市内各地が3000本もの飾りで七夕一色になる。彩り豊かな笹飾りを楽しみに訪れる人は、例年200万人を超え、東北三大祭りの一つとして数えられている。

仙台藩祖である伊達政宗が奨励

しかし、仙台七夕まつりが今日《こんにち》の形になったのには、紆余曲折ある。

七夕まつり自体は本来、旧暦7月7日の行事であった。江戸時代初期、仙台藩祖の伊達政宗《だてまさむね》公が奨励したことで興ったとされる仙台七夕まつりも、その例に漏れない。

正宗公は七夕について八首もの和歌を詠んでおり、最も古いものは元和4年（1618年）のものである。仙台での七夕もやはり旧暦7月7日に行われ、翌8日の朝には飾り物をつけた笹が川に流されていたという。

その記録は明治6年（1873年）に書かれた、伊達十三代藩主慶邦《よしくに》公の随筆『やくたい草』でも確認できる。

「七月七日を七夕といひて、六日の夕より七夕の古歌を、五色の色紙短冊に書き、又うちわ、扇の類おもひおもひに女子共のつくりもの、ささ竹にむすひつけて、軒端にたてて二星をまつりて、其笹を八日の朝には、かならす川に流す事は、いつこも同じならわし也」

その随筆の中で、七代藩主重村《しげむら》公（徹山公《てつざんこう》）の頃から、日程に変更があったことも書かれている。一日繰り上げ、旧暦7月6日の晩に飾り、7日の朝に流すようになったのだ。

また、この時代の七夕まつりは織姫《おりひめ》星《ぼし》と彦星《ひこぼし》を祭って、手習いや手芸の上達を願うものだった。

仙台では飾りの付いた小枝を竹から落とし、広瀬川に流し、水を浴びたり洗い物をするという形だった。この日を「七日浴《なかぬび》」「七日盆《なぬかぼん》」と呼び、本来は禊《みそ》ぎをして、盆祭りに入る準備をする日であった。

しかし、このような七夕まつりは、明治維新の変革とともに全国的に衰退していく。大正14年（1925年）に刊行された『仙台昔語電狸翁夜話《せんだいむかしがたりでんたぬおうやわ》』には、「往時のそれに比較する時は到底及ぶところではない」という幕末当時の七夕まつりと比較した一文が残されている。

七夕飾りが復活し日本一の規模へ発展

だが昭和2年（1927年）になり、仙台商人の有志たちが「七夕飾り」を復活させた。久しぶりにその光景を見た仙台っ子たちは喝采し、見に訪れた人々で街が溢れたという。

続く昭和3年、元来は旧暦行事であ

ったのを、新暦の月遅れの開催に変更された。すなわち民俗学上、中暦《ちゅうれき》と呼ばれる8月6日・7日・8日の三日間の行事として決まった。さらに仙台商工会議所と仙台協賛会による共同開催という形になり、11もの町会が参加しての催しとなった。このときに三日二夜にわたる、七夕まつりが復活したのだ。仕掛けものや電飾といった、様々な趣向を凝らした「七夕飾り」により、祭りは大いに盛り上がったという。

しかし第二次大戦の影響で、街から再び「七夕飾り」は消えていった。終戦翌年の昭和21年（1946年）になり、一番町通りの焼けた跡に52本の竹飾りが立てられたという。

「10年ぶりの〝七夕祭り〟涙の出るほど懐かしい」

当時の河北新報がそんな記事の見出しで、報じたほどだった。

続く昭和22年には、仙台を昭和天皇が巡幸された。その際、沿道に5000本もの竹飾りで七色のアーチを作り、出迎えたという。

それからの商店街が、七夕隆盛《りゅうせい》にかける熱意は、並々ならぬものだった。現在では飾りだけでなく、飾りの製作体験コーナーや、フードコートを設置した「おまつり広場」などのイベントも人気を博している。商店街振興から観光イベントへと転換し、名実ともに日本一のスケールを誇る、七夕まつりとなったのだ。

七夕飾りの種類と意味

仙台七夕まつりでは「七つ飾り」という7種類の七夕飾りが使われていて、それぞれに次のような意味がある。

・学問や書、手習いの上達を祈願する「短冊」
・裁縫の腕が上がるよう祈願する「紙衣《かみごろも》」
・家の長老の数だけ折り、延命長寿を祈願する「折鶴《おりづる》」
・富貴《ふうき》と貯蓄、商売繁盛を祈願する「巾着《きんちゃく》」
・仙台近海の豊漁を祈願する「投網《とあみ》」
・飾り物を作り終えた際に出る裁ち屑、紙屑を入れ、清潔と倹約を祈願する「屑籠《くずかご》」
・機織《はたお》りや、技芸の上達を祈願する「吹き流し」

この内、「吹き流し」が現在の飾り付けの中心となっている。また、吹き流しには「くす玉」が付くことが多い。

このくす玉は、以前から故人の霊を慰めるため、ざるに紙の花を付けて飾られていた。戦後復興の最中であった昭和21年頃に、「美しく咲くダリアの花のように七夕を飾りたい」という思いから、軽い球体の竹かごにくす玉を飾る形で用いられるようになった。こうしてできた吹き流しは、5本1セットの形で、一つの竹竿に飾られるのが正式とされている。また、仙台七夕まつりの特徴としては、飾りは紙で作られ、ビニール製のものはほとんど見られない。

そうした七夕飾りの内容は、仙台七夕まつり当日まで秘密となっている。8月6日の朝8時頃から飾り付けが行われ、その豪華さを競い合うのだ。

田の神を迎え この地の豊作を祈る

仙台七夕まつりの起源は、田の神を迎える行事であったという。大きな七夕飾りが、青森の「ねぶた」や秋田の「竿燈《かんとう》」と同一視されがちだが、後者二つは「神を送る」行事である。本質はまるで異なるのだ。

これは、仙台が周期的にひどい冷害に襲われてきたという歴史のせいだろう。飢饉《ききん》により天明3年（1783年）には25万人、天保7年（1836年）には30万人もの死者が出た地なのだ。豊作の保障と保護を田の神に祈ることが、七夕まつりを盛んにしてきた土壌なのだろう。

「七夕さんいつござる、来年の夏またござれ」

このような言葉に残るように、昔から仙台っ子は「七夕さん」と愛称をつけ、年に一度のお祭りを心待ちにしているのだ。

一番町通りのアーケード街に吊るされた色鮮やかな七夕飾りの吹き流し
（写真提供：仙台商工会議所）

公式サイト	https://www.sendaitanabata.com
開催時期	毎年8月6日～8月8日
開催場所	仙台市中心部および周辺の地域商店街
見学の可否	可
一般参加の可否	おまつり広場（勾当台公園市民広場）ではミニ版の七つ飾りを実際に作ることが出来るコーナーが設置される。
交通アクセス	最寄り駅はJRおよび地下鉄仙台駅、地下鉄青葉通一番町駅など。仙台駅東口より観光バスの運行あり。混雑回避のため公共交通機関の利用を推奨。
お問い合わせ	仙台七夕まつり協賛会（TEL:022-265-8185）

世間よりひと月は遅い8月6日から、仙台では七夕まつりが行われる。巨大な竹と煌《きら》びやかな飾りが、商店街のアーケードを埋め尽くす——。

その光景を楽しみに集まった人々の中に、浴衣《ゆかた》姿の瑞季《みずき》はいた。仙台グルメの屋台が並ぶ、ごった返す「おまつり広場」。そこから少し離れた勾当台《こうとうだい》公園で、そわそわしながら友人を待つ。

「夏休みだから、実家に帰ってきた！」と急な連絡があったのが、昨日のこと。高校を卒業してから会っていなかったが、変わらない様子につい、思い出してくすりとする。

だけど本当に、変わっていないだろうか？　ＳＮＳでたまに見る自撮りでは、友人の鳳香《おうか》は華々しいキャンパスライフを満喫していた。地元に残った瑞季とは大違いだ。昨夜からそのことが、時折ちくちくした。

だけど、待ち時間を過ぎても鳳香はまだこない。そんなルーズさはいつも通りで、安心している自分がいた。

「ごめーん、みずっち！　浴衣に、ちょい手間取ったあ～！」

ようやく現れた鳳香が、からころと桐《きり》下駄《げた》の音を響かせてやってくる。

「鳳《おう》ちゃん……！」

パーマを当てただろう髪を、浴衣に合わせてアップでまとめている。あしらった髪飾りのセンスもいい。

最近ようやく思い切って、ピアスをした程度の瑞季とはセンスが違った。

でも、そんな鳳香ときたら。

「さーまずは食べるよ！　買うよー！　付き合って！」

「え、もう？」

「当ったり前！　こっちは仙台名物に飢えてんの！　牛タン……は高いからスルーだけど、ずんだシェイクにひょうたん揚げはマストよマスト！　あっちにぜんぜんないんだもんー！」

「でも広場も商店街も、人いっぱいだよ？」

「いけるいける！　手分けして買うよ！　突撃〜！」

「もー、鳳ちゃんったら」

――30分後。

アーケードの下を歩きながら、目当てのシェイクとひょうたん揚げをコンプリートした、鳳香の姿があった。

「くう〜！　これよこれえ！」

満足げな彼女の隣を歩きながら、瑞季も串に刺さった笹かまぼこを一口齧《かじ》る。

（あ、おいし）

普段から食べているが、今日の味は格別に思えた。

「来年もまたこっちにきて食べるわ、これ！」

鳳香が笑う。うん、と瑞季も頷いた。

今からもう、翌年の七夕まつりが楽しみだった。

帆手祭（宮城県塩竈市）

文／ひびき遊
イラスト／いとどめ

海と関わりの深い 鹽竈さまの主祭神

宮城県塩竈市。この港町では江戸時代に、たびたび大火に見舞われたという歴史がある。そのことで港に出入りする船も減少し、地域が衰退してしまった。そこで天和2年（1682年）に、火災の鎮圧と景気回復を「鹽竈《しおがま》さま」に祈って始められたのが「帆《ほ》手《て》祭《まつり》」の興《おこ》りである。

その「鹽竈さま」を奉るのは、この地にある鹽竈神社だ。古くから東北鎮護・陸奥国《むつのくに》一之宮として、朝廷をはじめ庶民の崇敬を集めてきたこの神社は、その起源を奈良時代以前とする。

平安時代初期にあたる弘仁11年（820年）に編纂された「弘仁式」主税帳逸文にて、「鹽竈神を祭る料壱萬束」という記述があり、この頃には厚い祭祀料を授かっていたことがわかっているのだ。

正確には、鹽竈神社で奉られている神は三神となる。主祭神たる鹽土老翁《しおつちのおじ》神《がみ》と、左宮の武甕槌神《たけみかづちのかみ》、それに右宮の経《ふ》津主神《つぬしのかみ》だ。

このうち鹽土老翁神は、古くより航海・潮の満ち引き・海の成分を司る神だった。また、鹽土老翁神はシャチに乗って海路を渡り、この地に上陸されたと言われている。その後、人々に製塩法を教えたことから「塩竈」の地名ともなったようだ。

そんな繋がりから、地元の人々はどんな祈願もすべて「鹽竈さま」へと足を運ぶのだ。

帆手祭の由来と変遷

帆手祭はもともと鹽竈神社における早春の神事で、正月の神輿洗《みこしあらい》神事の火《ひ》伏《ぶせ》祭りとして始まったものである。

かつて鹽竈神社の唐門内には、一般の人は入ることができなかった。だが祭りの日だけは特別に若者（倅《せがれ》）が入る許可をもらえたため、「倅まつり」という名で旧暦の1月20日に行われていた。

その後、海にゆかりがあるとして「帆手祭」と呼ばれるようになったが、その正しい由来はわかっていない。

鹽竈神社の末社である、現在の御釜《おかま》神社鎮座地付近にあたる入り江を「甫《ほ》出《で》の浜」と呼んだところからきた、という説もある。しかし、そもそもは「梵《ぼん》天《てん》祭」という名前だった。これは当初、神輿はなく、龍のひげに見立てたものを束ねて棒の先につけた「梵天」を持って練り歩いていたことに起因する。

そんな素朴な「梵天祭」だが、3回目を迎えようとしていた天和4年（1684年）に、代官から「毎年行うのは贅沢だ」というおふれが出た。そのため一時中断したのだが、その後再び大火に見舞われたことで、すぐさま復活を遂げることになる。以降、旧暦の1月28日に行われてきた。

祭りは年々華やかになり、享保18年（1733年）に現在の神輿ができると、神輿の町内渡御《とぎょ》が主な神事となった。明治5年（1872年）に帆手祭と改称し、このとき日程も今の3月10日に

「帆手祭」当日の午前中、神輿が鹽竈神社の参道を下りる場面。参道の石段には多くの人が詰めかけている（写真提供：塩竈市観光物産協会）

変更され、以降は戦時中も中止することなく継承されている。

参道を下りると荒れ神輿へと一変

帆手祭では、火の用心や厄除け・繁栄を祈念して、神様を奉安した重さ約1トンの御神輿が塩竈市内を御神幸する。神輿の形状は八角形で、独特な作りをしている。また八面にはそれぞれ鏡が飾られている。300年近く昔に製造されたものを、大修理を重ねて、今日まで大切に受け継いできた。4本の担ぎ棒があり、前後8人の、計16人で担ぐ形になる。

このとき、16人の若者で担がれた神輿は、神の意のままに動き回る「荒れ神輿」として有名だ。危険を伴う勇壮な神輿の練り歩きから、「日本三大荒神輿」のひとつに数えられるようになった。他の二つは兵庫県姫路市の「灘《なだ》のけんか祭り」、愛媛県松山市の「北条秋祭り」である。

とはいえ、神輿をぶつけ合う灘のけんか祭りや、神輿を投げ落として壊す北条秋祭りのような荒々しさは帆手祭にはない。

「神様が宿る神輿に息をかけてはならない」

このことから白装束に身を包み、烏《え》帽子《ぼし》を被った若者たちは皆、マスクをして無言で神輿を担ぐ。その所作は独特で、厳かだ。

そして500人を超えるきらびやかなお供や稚児《ちご》行列も、壮麗かつ見応えがある。

鹽竈神社の本殿にて、午前10時から「本殿祭」がある。

その後、神輿を送り出す「発輿祭」が行われ、神輿が「お下がり」になる。出発した神輿は鹽竈神社の参道をまず、下りるのだ。「表坂」と呼ばれるここは、なんと202段もの階段となっていて、見下ろすだけでも足がすくむほどである。

そこを1トンもの重さに耐え忍び、若者たちは顔を歪めながらも、無言でバランスを取りながらゆっくりゆっくり下っていく。一つ間違えれば大惨事になりかねないが、見事なチームワークによって、慎重かつ大胆に神輿は運ばれる。まさに手に汗握る光景だ。

無事に表坂を下りきれば、参拝客からは安堵のため息が漏れ、惜しみない拍手がおくられる。

そこからは、ついに「荒れ神輿」へと一変する。

急に走り出したり、同じところを何度も回ったり。ときに家にぶつかりそうになりながらも延々と練り歩き、塩竈市内にある17か所前後の御旅所《おたびしょ》で、神事斎行《しんじさいこう》を行うのだ。

表坂の下へと帰還するのは19時となっているが、以前は神社まで戻ってくるのが、翌日の明け方になることもあった。まさに「神の意のまま」を体現する、渡御《とぎょ》神輿なのだ。

そんな神輿を高いところから見下ろすと、神の怒りに触れると言い伝えられている。ゆえに建物の2階以上から神輿を見物すると、注意されることがある。神輿の渡御は、港町に行き渡る「鹽竈さま」の神威《しんい》なのだ。

19時に「表坂下還御」を果たした神輿が挑むのは、もちろん鹽竈神社を目指しての、202段の表坂を上る「お上り」だ。16人の担ぎ手は残った力を振り絞り、帆手祭の締めくくりに挑む。熱気溢れる若者たちの姿は、最後まで見応えのあるものだ。

帆手祭は、塩竈市民の間では「春を呼ぶ祭」とも言われており、港町全体が活気に溢れる地元の風物詩となっている。大火に耐え忍び、平成23年(2011年)の東日本大震災に見舞われても中断されることなく、この祭りは受け継がれてきた。

そこに、この地の人々の底力を感じずにはいられないだろう。

鹽竈神社では他にも「花祭」「みなと祭」があり、「帆手祭」も含めて神輿が出御する「氏子三祭」として、地元の人々から愛され続けている。

神輿を担ぐ若者たち(中央)は白装束に烏帽子、マスクという出で立ちをしている
(写真提供:宮城県観光戦略課)

開催時期	毎年3月10日
開催場所	宮城県塩竈市 鹽竈神社及び塩竈市内
見学の可否	可
一般参加の可否	不可
交通アクセス	【公共交通】JR仙石線 本塩釜駅から徒歩で約15分 【車】三陸自動車道 利府塩釜ICから県道3号を経由して約3km(約6分)
お問い合わせ	志波彦神社 鹽竈神社 (TEL:022-367-1611)

東京都内からの出張仕事で、塩竈《しおがま》市にて一泊することになった私、東《あずま》みやこ。

今日はもう帰るだけという予定だけど、出発を遅らせて観光することにした。というのも、昨日あちこちで「帆手祭」のポスターを見かけたからだ。どうもこの3月10日固定みたいで、平日の昼間からでもやっているとのこと。

「ぜひぜひ！　日本三大荒神輿のひとつなんですよ！」

泊まったホテルの人に、そう勧められたこともある。

（うあー、まだ寒いなあ）

さすがは東北。仕事着の上から羽織る薄手のダウンジャケットが手放せない。しかし、町の中は午前中から、どこか熱気に包まれていた。

大きな石の鳥居がある、参道の入り口。そこには人が集まっていて、地元の人たちに混じり、観光客らしき姿もけっこう見られた。

私は適当に屋台を回って、お腹を満たせば〜って思ってた程度なんだけど、鳥居付近では目当ての屋台は見られない。ううん、神社の境内は、石段が無数に連なる長い参道の上だ。

見上げたその先は、上ってみないとよくわからないけど、お囃子や何やらで盛り上がっている。せっかくだし向かってみよう。

「参道を進まれる方は、手すりの外側が崖になってます。ご注意ください！」

警察がそう仕切ってる。でも、階段になってる広々とした真ん中は、誰も通ってない。

ここは神様が進むとか、そういうのかな？　鳥居の下もそうだけど、俗世の者は端を歩くと決められてるのよね。

なんてことを考えながら、私も他の人たちを真似て、手すりで区切られた石段の端っこを上っていくと。

「!?」

空気が変わった。同じように参道脇にいた観光客が、スマホやカメラのレンズを向ける。

参道の上から大きな何かが現れた。大勢に囲まれ、装束を着た男たちに担がれてきたのは、神輿だ！

「おっき……！」

なんて迫力なんだろう。私はただただ圧倒される。

それでいて、どこまでも厳粛だ。明らかに重そうな神輿を、この石段の傾斜にも負けず、おごそかに人の手で下ろしていく。

あの中に、神聖なものが確かに「在る」んだ。

そう一目でわかるほど、見事な神輿の行列だった。

ややまつり（山形県庄内町）

文／ひびき遊
イラスト／むらかわみちお

安産の神となった大山守命を奉る

ここで使われている「やや」とは、小さい・微妙な、という意味ではない。

ややまつりでは、真冬に上半身裸の少年たちが冷水を浴び、無病息災などの御利益を願う（写真提供：庄内町役場企画情報課）

稚児《ちご》・乳児を意味する「ややこ」からきていて、「ややまつり」は安産や子供の無病息災・身体堅固を祈願する祭事である。

山形県は東田川郡庄内町、千河原《ちがわら》地区にて行われる、この祭りの歴史は古い。正確な起源は不明ながらも、祭りを執り行う千河原の八幡神社は、安産と子孫繁栄の神様として大山守命《おおやまもりのみこと》を奉っている。

かの「日本書紀」において、誉田《ほむた》別尊《わけのみこと》とされる第十五代応神天皇。「日本書紀」では110歳で没したとあるが、「古事記」では130歳となっており、神話に近い存在だ。しかし「実在したのが確認できる最初の天皇」とも言われている。

そんな応神天皇の第二皇子が大山守となるが、皇位を継ぐことはなかった。一説では皇太子になれなかったことを恨み、応神天皇崩御の後に、謀反を計画したという。いわゆる皇位継承争いである。

その謀《はかりごと》が漏れ、後に第十六代仁徳天皇として即位する、兄の大鷦鷯尊《おおさざきのみこと》は追討の命を下した。腹違いではあったが、大山守は血の繋がった弟だというのに。

いや、実の弟だからこそか。

記録では応神天皇が身罷《みまか》られた直後の、1～2年は空位となっている。

このとき大山守以外にも皇子がいたが、仁徳天皇による兄弟の暗殺説や、自殺説もあるほどだ。諸説ありはっきりしないが、皇位を巡り様々な謀略があったのかもしれない。

その中で大山守は各地を転々と逃れたものの、最上川下流の現在の千河原の地で、追討の兵と激しく戦ったという。伝え聞く中では、一面が血の原と化すほどに。

そのときの光景から、この地を「血ヶ原」と呼ぶようになり、後に「千河原」の名に書き換えられたのだ。

それほどまでに大山守は、千河原とは深い関わりを持つ存在だった。

なぜならこの地で、大山守は九死に一生を得る。千河原の村にて、草分け弥左エ門宅の、身重の妊婦がいる産部屋にて匿《かくま》われたのだ。

自らの身の苦しみも忘れて守ってくれた妊婦に、いたく感謝した大山守は誓う。

「私はたとえ死んでも神となり、お前の身を守ろう。また、世の産女《うぶめ》の安産を祈ろう。難産の場合は私の名を唱えよ。必ず助けてつかわす」

大山守はその後、さらに逃亡したものの、ついには追っ手に捕らわれ命を落とした。

計略により菟道川《うじ》（宇治川）で舟を転覆させられ水死したとも、山形県新庄の関屋にて処刑されたとも言われている。

しかし誓いにより、千河原の八幡神社では安産の神として、奉られることになったのだ。

ややまつりの由来と江戸時代以降の変遷

そんな八幡神社にて、村の若者が禊《みそ》ぎを奉納してお百度を踏んだのが「ややまつり」の始まりだ。

今からおよそ300年前のことだと伝わっている。西暦1700年頃ならば、江戸幕府が開かれて100年が経った時期だ。八代将軍、徳川吉宗公の時代である。

当時の山形藩は、戦国時代は武将として名をはせた最上家が没落し、堀田家が三代にわたり長く統治していた。政治的には安定していた時期だったのかもしれない。その中で「ややまつり」のスタイルができあがったのだ。

残念ながら昭和になり、戦時中には祭事すらままならず、中断した時期があった。だが戦後になり、祭りは復興を果たす。

その頃から今のように「5〜14歳の少年」が主役の形になり、もともと数日かけて行っていたものを簡略化し、祭事のすべてを1日で終わらせるものに変わった。

年越の祭りでもあり、八幡神社では元来、小正月にあたる1月16日に行われていた。しかし、それも今は厳守されていない。祝日に合わせることを優先して、成人の日である1月15日か、15日に近い日曜日に執り行われている。

真冬に上半身裸で冷水を浴びる少年たち

まずは用意された舞台に、神社の名が書かれた旗を持つ男が上がる。「旗持ち」と呼ばれるその男の登場こそが、「ややまつり」の開始の合図だ。

次に、頭に白い鉢巻きをして、素肌に「ゲンダイ」と呼ばれる腰蓑《こしみの》とさらしを巻いた少年たちの出番である。真冬だというのに、上半身は裸で足には草鞋《わらじ》という姿の彼らは、一人ずつ舞台に上げられる。

「ややまつり」は、ともすれば「古くから伝わる東北の奇祭」と紹介される。庄内弁では「おがすげ（奇妙）な祭り」だそうだ。

それはもちろん、半裸姿での「冷水による禊ぎ」のせいだろう。

蝋燭を1本ずつ持つ両の手を、頭上に挙げた半裸の少年。その両肩に左右からかけられるのは、前日より大きなタライに汲みおかれた、手桶の水だ。

ときに気温が氷点下となり、雪が降ることも。それでも祭りは行われる。

見学は誰でもできるが、参加できるのは村に住む子供たちのみ。これは限られた者だけに与えられた、厳粛で特別な行事なのである。

だからこそ、真冬の極寒の中、かけられた冷水に子供たちは耐える。震えながらも歯を食いしばる必死な様子に、見物人からは盛んな拍手がおくられる。

一方で「もう1回！」「もっともっと！」と、さらなる水かけを要求する声も。

そう、1杯だけでは終わらないのだ。2杯、3杯と冷水を浴びて、安産と無病息災・身体堅固を願うのである。

この祭りへの参加は、一生に1度きり、というものではない。そのため、毎年出ることを目標にしている子供もいる。「昔からある、ややまつりの伝統を守っていきたい」と。中には「御利益でスポーツや勉強がうまくいってほしい」と、子供らしく無邪気な願いで参加する者も。

冷水に耐えた子供たちは、行列をなして、そのまま千河原の集落内を1周してくる。そして神社に参拝して終了となる。

また、15歳以上の青年による「お百度参り」も行われる。

こちらもやはりゲンダイと鉢巻き姿で、神社本殿と鳥居を結ぶ参道を走って往復し、そのたびに冷水をかぶる。

近年はコロナ禍のため、2年間中止となっていたが、令和5年（2023年）に3年ぶりとなる「ややまつり」が再開された。

祭りでは名物の「豆腐汁」が振る舞われる。山形といえば郷土料理は納豆汁なのだが、ここにも「おがすげな」理由があるのかもしれない。

冷水を浴びる場面では、少年の親族や多くの見物客が声援を上げたり、カメラで撮影したりする
（写真提供：公益社団法人 山形県観光物産協会）

開催時期	毎年1月15日に近い日曜日
開催場所	山形県東田川郡庄内町 千河原八幡神社
見学の可否	可
一般参加の可否	不可
交通アクセス	【公共交通】JR羽越本線 余目駅からタクシーで約7分 【車】日本海東北自動車道 酒田ICから国道47号を経由 して約14km（約16分）
お問い合わせ	庄内町観光協会 （TEL:0234-42-2922）

「なんで？」

ボクは今、とんでもないことになっていた……。

父の仕事の都合で、この年末年始はどこにも出かけられなかった。多感な中学生のボクとしては、それはもう由々しき事態だ。

だから1月の半ばの土日に、どこかへつれていって欲しい、と父にせがんだのはボクだ。うん、間違いない。

『じゃあ父さんの田舎に行ってみようか。ちょうどややまつりもあるしな』

ややまつり——ぜんぜん知らない行事だったし、「お祭りかぁ。屋台でいっぱい買い食いしよ！」くらいにしか考えてなかったんだけど。

どうしてこうなった。

どうして、こうなった！

「なんで、なんで？」

どうやら中学生以下が参加するお祭りだったみたい。

で、「縁起物だから」ってことでボクも混ざれるよう、父が勝手に決めてきたんだけど。

なんで！　ボクは！　このクソ寒い中に……ほぼ裸で、野外に出されてんのよ!?

雪、積もってんじゃん！　ここ、真冬の山形じゃん！！

あうあうあうあう。

ダメだ、文句を言おうとしても、も

うぜんぜん歯の根が合わない。がちがち震えながらも、なんかちっちゃい舞台に誘導されてきたんだけど、おい。

　なんかボクの前で、舞台に上がった男の子が、桶で冷水ぶっかけられてんだけど!?

「もういっかーい!」

「もっと！　もっと!」

……正気か？　はやし立てる観客たちに、ボクは絶望を禁じ得ない。

なんだ、このややまつりって!?

　子供の健康祈願とか込められてるみたいだけど、いや、普通に風邪ひくから！　これ、無理！　無理だってー！

　そもそもなんで両手に、蝋燭《ろうそく》持たされてんの？　意味わかんない！

　とか考えてるうちに、えっ、ボクの番？

　い、いや……まだ、心の準備が！

「ナオちゃーん、がんばってねぇ〜」

　顔見知りと飲みにでも消えた父に代わって、母が観衆の中で、スマホのレンズを向けていた。ぬくぬくとした、もこもこのダウンジャケット姿がうらやましい。

　なんてことくらいしか、考えられなくなったボクの頭に、大量の冷水がぶっかけられた。

　ぎひゃーーーーーーーーーーー!?

加勢鳥（山形県上山市）

文／氷上慧一
イラスト／れつまる

大きな藁蓑を被って町中を練り歩く奇習

山形県南東部、江戸時代には上山《かみのやま》藩の城下町や羽州街道の宿場町として栄え、現在はかみのやま温泉で知られる上山市がある。県庁所在地である山形市の南に位置し、在来線の奥羽本線、山形新幹線の駅である「かみのやま温泉駅」のある拓けた地だが、ここに一風変わった風習が伝えられている。

頭から膝まである藁蓑《わらみの》の「ケンダイ」を被ってカラカサ小僧にも似た姿に扮装し、特徴的な鳴き声を上げ、町の中を踊りながら練り歩くというものだ。これは神の使い「加勢鳥《かせどり》」の扮装で、見物客はやってきた加勢鳥に、手桶から祝いの水をかけ、火の用心や五穀豊穣を祈るという。中には頭に手ぬぐいをくくりつける見物客もいるが、こちらは商売繁盛を願って行うものだと言われている。

また、加勢鳥が通り過ぎた後に抜け落ちた藁は縁起物で、この藁で女児の髪を結うと、黒髪の豊かな美人になるそうだ。縁起物はあくまで自然に落ちた物だけなのだが、困ったことに、自分で加勢鳥から藁を引き抜く見物客も出没するらしく、何か所かで「自分で抜かないように」というお願いを目にした。

加勢鳥の由来と変遷

加勢鳥は、五穀豊穣・家内安全・商売繁盛をもたらす歳神《としがみ》の来訪行事で、「小正月に遠い土地からやってくる神の声によって一年の豊かさを祝う」という言い伝えがある。

その由来は諸説存在するが、一説によると江戸時代初期に酷い山火事が起こったと言われている。その際、遠くから火事を見た人々の目には火食い鳥が空を舞い火勢を強めたように見えたらしく、「火勢鳥《かせどり》」に水をかけて勢いを弱めるように祈願した。ここから火伏《ひぶせ》、つまり火の用心の意味合いが形成されていったのである。

では残りの五穀豊穣はどこから来たのかと言えば、こちらも諸説ある中で「なるほど」と納得させられた説を紹介すると、加勢鳥は藁で作ったケンダイをまとって扮装している。その藁は稲の藁であるので、稲に水をかけることで米の豊作を願ったという、米所らしい説がある。

最後に商売繁盛の由来は、こちらは純粋に字面からきているという話で、加勢鳥、つまり「勢いを加える鳥」であるため商売を営む人間が縁起を担いで風習に加わってきたそうだ。実に商人らしい逸話である。

小正月の1月15日、周辺部の各村から集まった若衆が、商家の連なる町中の門々を歩き回る。出迎えた人々は手桶の水を争うようにかけ、火伏せや商売繁盛を祈願してご祝儀を出し、酒や切り餅を振る舞ったと言われている。

こうした風習が町人の中で浸透していき、やがてその噂を聞きつけたのか、上山城に招かれ、殿様の前で加勢鳥を披露することもあったそうだ。御殿では新しい手桶と柄杓《ひしゃく》で加勢鳥に水をかけ、酒と銭一貫文で労った。

出発前の祈願式が行われる上山城正門前広場に集った加勢鳥（写真提供：上山市観光物産協会）

これがきっかけになり、加勢鳥は毎年旧正月の13日に上山城で披露する「御前加勢」と従来通り町中を練り歩く「町方加勢」の二つに分かれながらも人々に親しまれ伝えられていった。

やがて時代がうつろい、明治29年（1896年）。

加勢鳥は旧藩時代に重要視された行事として廃止されるが、昭和34年（1959年）に「上山市でこの行事を復活させよう」という有志が集まり、再開されることとなる。昭和61年（1986年）には上山市民俗行事「加勢鳥」保存会が結成され、上山に伝わる貴重な民俗行事が現在も継承されているのだ。

市内の各地区を回って見物客に踊りと掛け声を披露する加勢鳥
（写真提供：公益社団法人 山形県観光物産協会）

加勢鳥の踊りと掛け声 見物客とのやり取り

2月11日、朝10時。

かみのやま温泉駅から徒歩で7分ほど行ったところにある上山城正門前広場で祈願式が行われる。神主によって、行事が安全に行われるようにとお祓《はら》いを受けるのだ。それが終わると、いよいよ集まった参加者はケンダイをまとい、加勢鳥へと変身する。

準備が終わると、数百年前も御前加勢が行われていた上山城の前に、現代の加勢鳥達が集まってくる。そして、

「加勢鳥様の〜、お出ましだぞ〜〜〜っ！」

「そ〜れ！」

という掛け声を合図に、鐘《かね》、太鼓、笛が奏でる音頭に合わせて元気に歌い、飛び跳ね、踊り回る。

「カッカッカーのカッカッカッカー」
「カッカッカーのカッカッカッカー」

演舞が始まると、周囲の観光客からは温かな声援が飛び交い、

「望《もち》の年《とし》の祝いは」
「加勢鳥、加勢鳥、お祝いだ」
「カッカッカーのカッカッカッカー」
「五穀豊穣、火の用心」
「五穀豊穣、火の用心」
「カッカッカーのカッカッカッカー」
「カッカッカーのカッカッカッカー」
「加勢鳥、加勢鳥、お祝いだ」
「商売繁盛、万作だ」
「商売繁盛、万作だ」

このように、人々の願いを叶えるために舞うのである。

城での演舞が終わると、続いて加勢鳥行列が始まる。その年の参加人数にもよるが、加勢鳥は三つほどのグループに分かれて市街地の中心部や温泉街を練り歩く。各所で演舞が披露され、商店や旅館では商売繁盛・家内安全・火の用心を願って祝い水がかけられる。

自ら「奇習」と書かれたノボリを手にするその様子に、集まった見物客からは大きな歓声や笑い声が飛び交い、みな楽しげに桶から水をかけていくのだ。

加勢鳥が行われるのは毎年2月11日。ただでさえ寒い冬の最中である上に、山形県は寒さ厳しい北国である。その中で冷水を浴びると、時にはその水が凍りつくこともあるそうだ。

最初は3kg程度の重さしかないケンダイだが、こうしてかけられた水を吸っていくと最終的には10kg近くにまで重くなるという。寒さで震え出す人もいるが、それでも加勢鳥として踊るのは楽しいのだと参加者は語る。

加勢鳥に扮するのは地元の住人だけではなく、広く全国から公募されている。中にはわざわざこのために海外からやってくる観光客もいるそうだ。

もちろん、見物客も全国から集まってくる。その見物スタンスも様々で、寒いだろうからと遠慮がちに水をかける人もいれば、地元の男性なのか慣れた手つきでバケツごと大量の水を浴びせかける人もいる。

加勢鳥の方も、黙ったままではいない。水をかけられると一瞬身をすくませるが、すぐに体を揺すって、全身の藁の先から飛沫を飛ばして〝応戦〟したりする。

楽しそうな悲鳴を上げて飛び退く人々。幼い子供は訳がわからず泣き出したりもするが、それらすべて、ユーモラスで暖かな空気に包まれるのだ。

開催時期	毎年2月11日
開催場所	山形県上山市 上山城正門前広場〜市内
見学の可否	可
一般参加の可否	可（要事前連絡）
交通アクセス	【公共交通】JR奥羽本線 かみのやま温泉駅から徒歩で約10分 【車】東北中央自動車道 かみのやま温泉ICから国道458号を経由して約5km（約10分）
お問い合わせ	上山市観光物産協会 （TEL:023-672-0839）

雲一つなく晴れ渡った空の下、上山城は凜々しい姿を見せていた。門前では、多くの人々が行事の始まりを待ちわびている。

「や～、晴れてよかった」

「……お姉ちゃんの運転のせいで、死ぬかと思った。あんな古い車で雪道なんて。しかもスピードも落としてくれないし！」

「セリカは四輪駆動だから大丈夫！　それに大事な妹を乗せてるんだから、安全運転してたに決まってるでしょ？」

「あ、あれで、安全運転……」

「ほらほら、それよりもうすぐ始まるわよ！」

愕然となる私。あれは安全運転なんてものじゃなかったと抗議するより先に、行事が始まるのだった。

「加勢鳥様の～、お出ましだぞ～～っ！」

「そ～れ！」

城前の広場を圧倒するような鐘、笛、太鼓の音に、大勢の歌声が重なって圧倒されるような迫力になった。その勢いに圧されて思わず身を縮こまらせる。それを見たわけではないだろうが、なぜか加勢鳥達がこちらに近づいてきた。

「あわわわわ！」

「あはは、別に怖くないってば！」

怖いというより圧倒されるのだ。

「だったらほら、あっちはどう？」

お姉ちゃんが指さした方を見て、私は思わず声を上げた。

「きゃ〜〜！　カセ坊っ！」

自ら「奇習」と書かれたノボリを持ち短い手足で健気に行列について回る、この行事のゆるキャラだ。じつは私はゆるキャラに目がない。全国ゆるキャラグランプリはいつもチェックしているぐらいである。

「カセ坊、可愛い〜〜っ！」

「あんたの趣味はわからん。見るならやっぱり掛け声と踊りでしょ！　水も浴びせるのよ！」

「こんなに寒いのに可哀想じゃない？」

しかも中は薄着なのに水を浴びせられるのだ。ところがお姉ちゃんは、とんでもないことを言い出した。

「よし、今度は私も応募して、加勢鳥になるわよ！」

「ええっ⁉　それ、本気なの⁉」

「もちろん！　そのときはあんたも一緒だからね！」

「嘘でしょっ！？」

昔からこうなのだ。お姉ちゃんは子供の頃から活発で、楽しそうに周囲を振り回す。そして私はお姉ちゃんが引き起こす騒動から逃げられない運命にあるのである。

「せめて風邪だけは引きませんように！」

相馬野馬追（福島県相馬地方）

文／氷上慧一
イラスト／れつまる

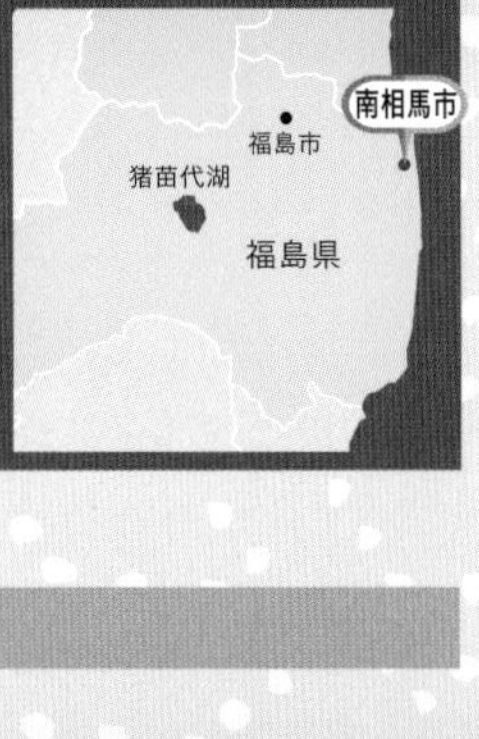

平将門の故事に由来

福島県は阿武隈《あぶくま》高地と奥羽《おうう》山脈によって会津地方、中通り、浜通りという三つの地域に分けられている。かつては地域間の行き来が難しく、そのため歴史的な面でも違いが生じているが、浜通り地域にある相馬《そうま》市には、古くから伝わる勇壮な祭りが存在する。それが全国的にも有名な相馬野馬追《そうまのまおい》だ。

この祭りは、非常に広い範囲の地域が関わって成り立っている。その直線距離は実に約27㎞にも及ぶ。相馬市と南相馬市に分散する相馬中村神社、相馬太田神社、相馬小高神社の三つの妙《みょう》見《けん》神社を中心として、それぞれに所属する「郷《ごう》」と呼ばれる五つの集団が集まり行われる祭礼なのだ。

その起源は非常に古く、1000年以上の歴史を誇る。

かつて、この辺りを治めていたのは地名として現在も残っている相馬氏だった。その遠祖には平安時代の豪族として有名なあの平将門《たいらのまさかど》がいる。将門は、領内（現在の千葉県北西部）に野生馬を放ち敵兵に見立てて軍事訓練を行ったのだが、これが相馬野馬追の起源であると言われている。

伝承によれば、相馬家初代当主である相馬師常《もろつね》は将門の子孫である信田師国の養子となり、家督を継いだ。そこから時代がうつろい、第六代当主、相馬重胤《しげたね》は元亨3年（1323年）、領地を巡る一族内での争いに巻き込まれ陸奥《むつ》国《くに》行方郡太田村（現在の福島県南相馬市原町区中太田）に下向し、陸奥相馬氏の祖となった。

この重胤が将門の故事に倣《なら》い、下向した先でも野馬追を根付かせた。これが相馬野馬追の始まりであると言われている。

江戸幕府の成立後は軍事訓練が取り締まられたが、相馬氏の野馬追は神事としての性格が強かったため、幕府からの制限を受けることなく現代まで脈々と受け継がれることとなったそうだ。

勇ましくも厳かな出陣

相馬野馬追は、かつては7月最終週の土、日、月曜日の三日間に渡って開催され真夏の風物詩とされていたが、令和6年（2024年）からは猛暑対策のため、開催日程が5月最終週の土・日・月曜日に変更された。

初日の土曜日は宵祭りで、相馬市中村の相馬中村神社では宇多《うだ》郷《ごう》勢が、南相馬市原町区の相馬太田神社では中ノ《なかの》郷《ごう》勢が、同市小高区の相馬小高神社では小高郷《おだかごう》・標葉郷《しねはごう》勢が各々出陣式を執り行う。

古式ゆかしい武者姿に扮した人々が一堂に会し、法螺貝《ほらがい》を吹き鳴らして出陣を宣言する。その勇ましくも厳かな光景から、三日間に渡る相馬野馬追はスタートするのだ。

雲雀ヶ原祭場地までの約3㎞を行軍するお行列の様子。町中を行く騎馬武者を一目見ようと道沿いには多くの見物客が詰めかける（写真提供：相馬野馬追執行委員会）

出陣式が終わると騎馬武者は列を成し、本陣となる雲雀ヶ原祭場地《ひばりがはらさいじょうち》へ向けて出立する。

道中、総大将を擁する宇多郷勢は、南相馬市鹿島区にある北郷陣屋《きたごうじんや》で総大将御迎《おむかえ》の儀に臨み、北郷勢と合流。

こうして、宇多郷・北郷、中ノ郷、小高郷・標葉郷の騎馬武者たちは、供奉する相馬三社（相馬中村・太田・小高）の御《お》神輿《みこし》を守護しながら、雲雀ヶ原の相馬野馬追祭場地に集結する。

その後、騎馬武者達は白鉢巻きに陣羽織、野袴《のばかま》という出で立ちになり、馬には古式馬具を装着して宵乗り競馬を行う。1周1000mの馬場を駆け抜ける、騎馬武者の勇猛な走りと共に初日は終了する。

迫力ある甲冑競馬と壮大な神旗争奪戦

二日目の日曜日には、本祭りが行われる。

この日の最初に行われるのがお行列だ。開催地である雲雀ヶ原祭場地に近い相馬太田神社（中ノ郷勢）を先頭に、相馬小高神社（小高郷・標葉郷勢）、総大将がいる相馬中村神社（宇多郷・北郷勢）の順に総勢400余騎で、野馬追通り約3㎞を行軍するというものだ。

騎馬隊が祭場地に到着すると、甲冑《かっちゅう》競馬が行われる。それまで被っていた兜《かぶと》を脱ぎ、白鉢巻を締めた甲冑姿の騎馬武者が、1周1000mの速さを競う。背中には先祖伝来の旗指物《はたさしもの》を掲げ、旗をたなびかせながら馬場を疾走する姿は、宵乗り競馬とはまた違う迫力に満ちている。

次いで行われるのが神旗《しんき》争奪戦だ。雲雀ヶ原祭場地に法螺貝の音が鳴り響くと、空高く花火が打ち上げられる。その中には御神旗が仕込まれており、ゆっくりと落ちてくるこれを巡って雲雀ヶ原一面に数百騎の騎馬武者が駆け回るという壮大な行事だ。

花火1発ごとに御神旗は2本（最初の1発のみ1本）。勝ち取った騎馬武者は高々と御神旗を掲げ、騎乗のまま本陣山山頂に向けて羊腸《ようちょう》の坂を一気に駆け上がる。

この行事は、野馬原の所定の木戸に野馬を集団で追い込んだことになぞらえたものだと言われ、妙見神社から御札と副賞を受けて山を下りるという流れになっている。

この一連の流れが一定の間隔をおいて次々と行われていく。花火は計16発（御神旗が計31本）、御神旗を獲得した武者は誰もが誇らしげに手を掲げ、あるいは喜びの声を上げる。その姿は凛々しく、周囲の観客から憧憬《どうけい》の眼差しを一身に集めるのだ。

すべての御神旗が打ち上げられて争奪戦が終了すると、それぞれ供奉する神社の御神輿を守護しながら、地元へと戻るのである。

三日目の月曜日に行われるのが、野馬追本来の姿を現代に残す野馬懸《のまかけ》だ。野馬原に放った馬を神社に追い込み、おぼし召しに叶う（神に捧げるに相応しい）1頭を素手で捕まえ、神前に奉納するという儀式である。

かつては野馬道（野馬原～小高神社までの道路）を用いたが、現在は騎馬武者が裸馬を小高神社の境内に設けられた竹矢来《たけやらい》（竹を粗く組んで作った囲い）に追い込むところから始まる。

追い込み終了後、白鉢巻に白装束をつけた御小人《おこびと》達が荒れ狂う裸馬の群れに飛び込み、素手で捕らえ神前に奉納するのだ。

野馬懸は、相馬野馬追の中でも特にかつての名残を色濃く留めると言われている神事で、国の重要無形民俗文化財に指定される要因になったそうだ。

こうして、三日間に渡る相馬野馬追は幕を閉じる。

古式ゆかしい甲冑姿の騎馬武者達、鳴り響く法螺貝と陣太鼓。疾走する馬達の力強い姿。相馬野馬追は、そんな勇壮な光景がわずかな間現代に甦る、壮大な祭礼なのである。

二日目の甲冑競馬で旗指物を掲げ疾走する騎馬武者たち（写真提供：相馬野馬追執行委員会）

神旗争奪戦の様子。空に打ち上げられ落ちてくる御神旗を、騎馬武者たちが我先に取ろうと祭場地内を駆け回る（写真提供：相馬野馬追執行委員会）

公式サイト	https://soma-nomaoi.jp
開催時期	毎年5月最終週の土・日・月曜日
開催場所	福島県南相馬市原町区 雲雀ヶ原祭場地
見学の可否	可
一般参加の可否	不可
交通アクセス	【公共交通】JR常磐線 原ノ町駅からタクシーで約10分 【車】常磐自動車道 南相馬ICから県道12号を経由して約8㎞（約15分）
お問い合わせ	相馬野馬追執行委員会 （TEL:0244-22-3064）

初夏になり、日一日と暑くなる中、今日も雲一つない空からは強い日差しが降り注ぐ。

そんな中、薫風《くんぷう》を突き抜けて、目の前を何頭もの騎馬が駆け抜けた。

「わぉ！　大迫力！」

私の隣で一人のお姉さんが盛んにカメラのシャッターを切っていた。

「いい馬が揃ってるねぇ」

「わかります？　さすが何回も見物しに来てる瞳さんですね」

参加する馬達のほとんどは、一頭一頭家族同然に育てられている。どの馬もとても活き活きとしていた。

「のどかちゃんとの縁も不思議だよねぇ」

「ですね。東京に住んでる瞳さんと知り合いになるなんて、想像もしてなかったですもん」

野馬追ファンの彼女は毎年見に来てくれていて、いつの間にか知り合いになっていたのである。

「あ、次！　次のレースは絶対見てください！」

「え？　誰かオススメの武者がいるの？　格好いい人！？」

「うん、とっても格好いい人、っていうか、格好いい子！」

「子？　女の子？」

「私の幼なじみなんです！」

「わぁ、それはすごいわね」

競馬の騎手は体が軽い方が有利だ

と言われている。それでも馬を操るには体力がいるから、単純に女の子の方が有利というわけではない。この晴れ舞台に騎手として選ばれたのは、あの子が人一倍努力していたからだ。

「私なんか応援することしかできないけど……」

すごすぎて、最近ではちょっと引け目を感じてしまう。

「なに言ってんの。応援してくれる人がいるから頑張れることもあるって。だから力一杯応援してあげな」

スタートと同時に疾走する騎馬の一団。甲冑姿で背中に挿した旗をたなびかせながら押し寄せる集団。その怒濤の迫力は見る者を圧倒する。

そんな先頭に、一際小柄な女の子の姿があった。

額には白い鉢巻き。黒髪をたなびかせ、真剣な眼差しで手綱を握り疾駆する。

本当に葉月ちゃんに届くならと、私は力の限り声を張り上げた。

「葉月ちゃ～ん！　がんばれ～～っ！」

葉月ちゃんは一陣の風となってあっという間に駆け抜けていった。

一瞬目が合ったと感じたのは気のせいだろうか。気のせいじゃなかったらいいな、そんなことを考えながら私は葉月ちゃんの背中をずっと視線で追いかけていたのだった。

木幡の幡祭り（福島県二本松市）

文／有馬桓次郎
イラスト／ToKa

神霊の籠もる御山で毎年行われる幡祭り

木幡山《こはたやま》は、福島県の二本松市と伊達《だて》郡川俣町の間にまたがる円錐形に整った山である。標高は666m。阿武隈《あぶくま》高地の西側に連なる丘陵地帯の一峰としてそびえるこの山は、全山まるごと福島県の天然記念物に指定されているほど美しい森をまとう山として知られる。

その美しさ故か、古くから神霊の籠もる「御山《おやま》」と称され、神護景雲3年（769年）に丈部継足《はせつかべのつぐたり》がこの地に隠津島神社《おきつしまじんじゃ》を勧進したとの伝承が遺る。後の大同年間（9世紀）には天台寺院の治陸寺が開かれ、木幡山は神仏習合の霊地として人々の篤《あつ》い信仰を受ける山となった。

この木幡山で、毎年12月の最初の日曜日に開かれる祭礼が、日本三大幡祭りの一つに数えられる「木幡の幡祭《はたまつ》り」だ。

初冬の青空をバックに五色に彩られた百数十本の幡《はた》を立て、法螺貝《ほらがい》の音を響かせながら木幡山の山頂を目指すというその美しい祭りは、日本人の基盤的な生活文化の特色を示す典型的な祭礼として、平成16年（2004年）に国の重要無形民俗文化財に指定されている。

源氏の故事に由来し成人の儀を兼ねる

その縁起は、この地方が「前九年《ぜんくねん》の役《えき》」の渦中にあった天喜3年（1055年）まで遡《さかのぼ》るという。

後冷泉《ごれいぜい》天皇の命を受け、陸奥《むつ》征伐に赴いた源頼義とその子の義家であったが、安達《あだち》の川崎付近（現在の二本松市北部）の合戦で安倍貞任《あべのさだとう》、宗任《むねとう》兄弟の軍勢に大敗。わずか数騎で落ちのびた頼義・義家父子は、農家で一夜の宿を求めた。

その夜、夢枕で天女から「ここから東方一里ばかりにある弁財天宮で祈願せよ」と告げられた父子は、天女が示した通りの場所にあった隠津島神社にて戦勝を祈願する。するとにわかに空がかき曇り、夜には時期外れの大雪がこの地に降り積もった。

翌朝、安倍氏の軍勢が山麓まで寄せてきたが、しばらくして彼らはそのまま軍勢を引き揚げてしまう。山を覆いつくした雪を源氏の白旗と見間違え、そこに源氏の大軍が籠もっていると思い込んだのだ。戦わずして勝利を得た頼義・義家父子は、この不思議な出来事を後冷泉天皇に上奏。天皇は二人がひそんだ山を木幡山と命名し、治陸寺《じろくじ》に宸筆《しんぴつ》（天皇の直筆）の額を納めた――。

木幡山の周辺にはこのような言い伝えがあり、いつしか神仏の加護を信じる人々の手でこの故事を元にした幡祭りが生み出され、「堂社《どうしゃ》」とよばれる九つの集落が中心となって現代まで長く継承されてきたのである。

木幡山の山頂にある隠津島神社を目指す幡行列の様子。白装束の参加者たちが幾つもの色鮮やかな幡を手に歩みを進める
（写真提供：福島県観光物産交流協会）

木幡の幡祭りは、男達が木幡山の山頂へ幡を担ぎ上げ隠津島神社へ奉納する登拝行事であるとともに、「権立《ごんだち》」と呼ばれる18歳前後の初めて行事に参加する男子の成人儀礼を伴う行事でもある。

権立よばりの儀式に参加した地元の学生たち
(写真提供:木幡山 隠津島神社)

参加者達の中から権立を見分けるのは簡単だ。権立は、母親などが着た襦《じゅ》袢《ばん》か赤地の着物を着込むしきたりで、これを着ることで穢《けが》れを祓《はら》って一人前になれるという。さらに太刀を肩から提げ、首に袈裟《けさ》を巻く決まりだが、太刀は太いヌルデの木を男根様に削って稲《いな》藁《わら》の鍔《つば》をつけたもの、袈裟は三つ編みにした縄に紙花を付けて縛ったものだ。

白装束で統一された参加者達の中で、華やかながら異装というより他はない権立の姿は、祭りを見る者により強い印象を与えることだろう。

山頂を目指す幡行列 権立の胎内くぐり

開催当日、朝。

出立式が行われる木幡住民センターのグラウンドへ、前夜のうちに水垢離《みずごり》を行って身を清めた参加者達が集まってくる。彼らが手にしている色とりどりの幡は、すべて堂社の女性達が手ずから縫って作り上げたもの。大小の幡の群れが初冬の風にはためいている風景は、まさに壮観この上無い。

出立式では、幡を持って走る速さを競う「幡競争」、さらに「木幡音頭踊り」や「東和太鼓」、餅つきなどが行われる。そのあと整列して総大将の声に合わせ万歳三唱、それぞれの堂社ごとに「餅撒き」を行い、いよいよ幡行列は木幡山の山頂を目指してグラウンドを後にする。

100本余りの幡を推し立て、行列は折々に餅撒きを行いながら約1・5㎞の道程を1時間半かけて粛々と進んでいく。源氏の白幡を先頭に5色あるいは7色の色幡が続いていく光景は、冬枯れの山里にひときわ映えて美しい。

山麓の参宿所にたどり着いた幡行列は、第一の目的地である「鷹取場《たかとりば》」を目指して山肌につけられた細道を登っていく。鷹取場は、二本松藩の歴代藩主が鷹狩りを楽しんだという由緒のある場所。ここで遥か阿武隈高地の山並みを望みながら幡を掲げた一行は、次なる目的地である羽山神社、そして隠津島神社の本殿を目指して尾根を進んで行くのだ。

一方、途中で幡行列から離れた権立の一行は、一足早く羽山神社を目指す。羽山神社の手前に「胎内くぐり岩」があるが、権立はここで太刀と袈裟を納め、岩の間を抜ける「胎内くぐり」を行うのである。

権立は小銭を口に咥えながら、岩の間に穿《うが》たれた狭い割れ目をくぐり抜け、その先で小銭を落として再び拾い上げる。女性神である山神の胎内から生まれ出ずることを表現したこの儀式のあと、くぐり岩の上に立った総大将と岩の下に立った副大将の間で交わされる「権立よばり」の儀式に臨む。

「当年の当年の生いた御前権立をば何と申す」

「鷹取場の松の木の根っこに絡まるふじこと申す」

「いやいやそうではない、そうではない、当年の当年の生いた御前権立をば何と申す」

ここではじめて権立の名前が高らかに告げられるが、なおその名乗りが認められることは無い。

「いやいやそうではない、そうではない、当年の当年の生いた御前権立をば何と申す」

「八幡《はちまん》太郎義家《たろうよしいえ》と申す！」

東北指折りの英雄である源義家の名を借りることで、権立はその名に込められた霊力を我が身に取り込むのだ。

その後、険しい坂を上り羽山神社に着いた権立は「食い初め」の儀式に臨み、乳粥《ちちがゆ》と呼ばれる小豆飯《あずきめし》を食べる。そして背拝み、横拝み、正面拝みと三度向きを変えながら羽山神社に参拝し、ようやく権立は一人前の成人男子として認められるのである。

かつての日本人の死生観において、人里が生者の世界であるのに対して山とは異界であり、山に分け入ることは死後の世界に踏み込むことを意味する。木幡の幡祭りは、若者が生きながらにして異界で強く新しい命に生まれ変わる通過儀礼でもあるのだ。

公式サイト	https://okitushima.com
開催時期	毎年12月の第1日曜日
開催場所	福島県二本松市木幡地内
見学の可否	可
一般参加の可否	可(要事前連絡)
交通アクセス	【公共交通】JR東北本線 二本松駅からタクシーで約20分 【車】東北自動車道 二本松ICから国道4号・県道117号を経由して20㎞(約25分)
お問い合わせ	二本松市役所東和支所 地域振興課(TEL:0243-66-2490)

そのお祭りのことを知ったのは、全くの偶然だった。

憧れていたこの国へ留学生としてやって来て1年余り。研究調査のため二本松駅へ降り立った私の目に飛び込んできた、一枚のイベントポスター。

木幡の幡祭り。

蒼い空と深い緑の山並みを背景に、立ち並んだ幾本ものカラフルな旗。

ポスターに焼き付けられたフォトジェニックな光景に魅せられた私は、調査を終えたその足でタクシーに飛び乗り、この素朴な山里までやって来たのだ。

タクシーから降りた途端、私は目の前の様子に息を呑んだ。

旗、旗、旗。想像していたよりもずっと多く長い旗が谷間にひしめき合い、吹き抜ける初冬の寒風にはためいていたからだ。

旗竿を持つのは、揃いの白装束を着込んだ男たち。多くが壮年の男性だったけれど、ほんの数人だけ年若い男の子が加わっている。少年たちの服装は真っ赤な着物で、他とは色合いが違うことに何か深い意味がありそう。すごく、気になる。

空にはドレスの裳裾《もすそ》のような雲がたなびき、その間から吸い込まれそうなほど深い藍色が顔を覗かせている。

そんな初冬の空の下で生き物のように揺れ動く、幾本もの長い長い旗。白、青、赤、黄、緑、紫、桃。様々な色の布地を縫い合わせて作られたらしいそれらの旗は、冬枯れた山里の風景に浮き立つような色彩を加えていた。

例えるなら……そう、天に架かる虹の橋が、形を持って地上に舞い降りてきたかのような。

「Quelle beauté（なんてきれいなんだろう）……!!」

思わず母国語で呟いてしまうほど、その光景は目が離せないほどに美しく、まるで巨匠が描いた印象派の絵画のように私の意識を惹きつけていたのだ。

やがて、どこか遠くから牛の嘶《いなな》きのような音が響き、旗竿を持った男たちは一列になって歩き出した。長々と続く旗行列が、私の目の前をゆっくりと通り過ぎていく。みんな、見るからに〝ガイジン〟な私が見守っているのにびっくりしているけれど、すぐに笑って手を振ってくれるのが嬉しかった。

ひゅう、と風が吹き抜ける。

幾本もの虹がたなびく空から舞い降りてきたそよ風は、ほんの少しだけ温かくて——どこか、この空の彼方にある故郷の薫りをまとっている気がした。

三島のサイノカミ（福島県三島町）

文／有馬桓次郎
イラスト／松谷

旧年中の厄を祓い 新年の幕開けを祝う

「岐《くなど》の神《かみ》」は、日本の民間信仰において牛馬守護、五穀豊穣、道中安全など様々なことを司る神である。道祖神の原型の一つとされる神だが、「くなど」は「来な処」すなわち「来てはならない場所」を意味しており、元々は道の分岐点、峠、あるいは村境などに置かれ、外敵や悪霊の侵入を防ぐ守り神として人々の信仰を受けてきた。

棒の先端に団子やスルメを付けてサイノカミの火で炙っている様子。これらは無病息災の縁起物として食される（写真提供：三島町教育委員会）

そこから障害や災難を防ぐという意味で「塞《さい》の神」という別名が生まれ、さらに「歳《さい》の神」の字が当てられる、旧年中の厄を祓《はら》い新年の幕開けを祝う神としての性質が与えられる。

ここに、平安時代の宮中行事であった「左義長《さぎちょう》」の様式が取り入れられ、正月飾りによって出迎えた歳神を、小正月にそれらを焼くことで炎と共に見送る祭りとして「サイノカミ」あるいは「とんど焼き」の行事が成立したとされる。

福島県西部、尾瀬を源流とする只見川沿いの渓谷の町、三島町。

日本有数の豪雪地帯として知られるこの町において、暦の上では小正月にあたる毎年1月15日の前後に「三島のサイノカミ」は開かれている。この行事が行われるのは、町内の宮下、桑原《くわのはら》、大登、桧原《ひのはら》、滝谷、川井、名入、滝原、西方、大谷、浅岐《あさまた》、小山の12地区。このうち西方地区では最大14か所、大谷地区では3か所に分かれて開催される。

面白いのは、昼間に正月飾りを結びつけた神木を夜に焚き上げるのは共通だが、その神木の立て方から点火の仕方、作法、占いの内容に至るまでそれぞれに異なる様式があること。ここでは滝谷地区の例を中心に、三島のサイノカミの様子を見ていこう。

滝谷地区のサイノカミの様子

1月15日早朝。地区の氏神である諏訪《すわ》神社へ子供たちが集まり、雪を踏み固めていく「バンバ踏み」から行事は始まる。その後、子供たちは地区をまわって稲藁《いなわら》や正月飾りを集め、書き初めや鏡餅の敷き紙などを集会所へ持って行く。

子供たちが集めてきた紙類は、老人たちが小刀で細く割いて「オンベ」と呼ばれる御幣《ごへい》に作り変えていく。あわせて白い扇を三つ束ねて円にしたものを製作するが、これらは後に神木へ結び付けられる。

その頃、大人たちは山から神木を切り出しているが、どの木を神木として切り出すかは地区で61歳になった男性が選ぶという。

切り出された神木はバンバに運ばれ、十字に組み合わされて稲藁を巻きつけていく。横木にオンベを取り付け、横木の両端、神木の上部、神木と横木との交差部分の4か所に円にした白扇を結びつけて、その年の恵方《えほう》に向けて神木を立てる。最後に、残った正月飾りを根元に置き、厄年の男性が三角形の点火口を幾つか開ければサイノカミの完成だ。

なお、滝谷地区のサイノカミは十字に組まれるが、川井地区では塔型に高く組み上げられ、桑原地区では三角錐型に、宮下地区は小屋型と、サイノカミひとつ見てもそれぞれの地区で形状が大きく異なっている。この事から、町内を巡って多様性にあふれるサイノカミの姿を見て回るのも面白いだろう。

午後からは、厄年の男性による「みかん撒き」がサイノカミの前で行われる。彼らが投げるみかんは縁起物で、食べるとこの1年間は無病息災に過ごせるといわれる。

そして夜。いよいよサイノカミに火を放って歳神を天に送り出す、サイノカミ行事のメインイベントの始まりだ。

まずは滝谷の集落を最初に開いたという伝承が残る家へ、厄年の男性が松明を持って集まってくる。そこで松明へ火をもらうと慎重にバンバへ運び、サイノカミの周囲を左回りに3回まわってから、松明を点火口へ差し入れてサイノカミに火を移すのだ。

冬の乾燥した空気の中、あっという間にサイノカミの全体が炎に包まれる。闇夜の雪原の只中で、パチパチと音を立てながら燃え盛るサイノカミの輝きは躍動感に満ちた原初の美しさがある。

サイノカミが勢いよく燃え始めると、厄年の男性は人々に抱え上げられ、燃えるサイノカミの周囲を左回りに三度回って厄落としをする。最後に「胴づき」と呼ばれる胴上げをすれば、サイノカミの神聖な炎によって厄が祓われるという。

サイノカミは、その燃え方によってその年の豊凶が占われ、勢いよく燃えると秋の収穫は豊作に、横木が早く燃え落ちると景気が良くなるという。反対に、横木がなかなか燃えないままだと縁起が悪いとされ、燃えるサイノカミを見守る人々の目もどこか真剣だ。

一方、子供たちは手に手に長い木の枝を持ち、先端に餅や団子を突き刺してサイノカミの火で炙《あぶ》っている。こうして炙った餅やスルメもまた無病息災の縁起物で、また灰や炭も病気快癒の効能があるとされ、その場で自分の悪い所に塗りつける人もいれば、家に持ち帰って神棚に飾る人もいるという。

地区ごとに異なる様式

滝谷地区におけるサイノカミの作法は以上のようなものだが、この作法についても地区によって実に様々だ。

例えば川井地区の場合、神木をバンバへ立てる際に歳徳神《としとくじん》を迎えるため全員で「ワーッ!」と3回叫んだり、サイノカミの横に雪で祭壇を作り、氏神である伊豆神社と皇大神宮、古峰神社の三社の御札を納めたりしている。夜になると参加者一同で祭壇に参拝し、祭壇から松明に火を移してサイノカミに点火する。

豊凶占いについても、早く燃えると火事に気をつける、あまり勢いよく燃えすぎると夏に旱魃《かんばつ》になる、燃え落ちた松の葉などが雪の上に縦に刺さると大豊作になる……等々、滝谷地区とは異なる見方をしている。

また桧原《ひのはら》地区では、サイノカミの開催から1か月後に「子どものサイノカミ」と呼ばれる行事が開かれる。これは燃え残った神木を利用し、地区の子どもたちの手であらためて小型のサイノカミを立てて火を放つもの。サイノカミが厄年男性中心の行事とするならば、こちらは文字通り子どもが主体となる行事といえるだろう。

小正月前後の焚き上げ神事は全国各地で執り行われているが、三島のサイノカミのように一つの自治体内でこれほど多様性にあふれた行事を見ることは大変珍しい。

東北各地にサイノカミの名称で伝承される小正月の火祭りの典型例であり、厄落としや年占の要素が濃厚に見られるという特色がある三島のサイノカミは、平成20年（2008年）、国の重要無形民俗文化財に指定されている。

三島のサイノカミでは稲藁を巻きつけた神木が勢いよく燃え、その燃え方によってその年の豊凶が占われる（写真提供：三島町観光協会）

開催時期	毎年1月15日
開催場所	福島県大沼郡三島町
見学の可否	可
一般参加の可否	不可（町民のみ）
交通アクセス	【鉄道】最寄り駅はJR只見線 会津宮下駅 【車】磐越自動車道 会津坂下ICから約25分（18km）
お問い合わせ	三島町観光協会 （TEL:0241-48-5000）

今日は1月15日。お父さんの実家があるこの町で、冬場の一番の催しになるサイノカミが開かれる日だ。

「おジイちゃん、早く早く。もうはじまっちゃうよ！」

玄関の方から、妹の元気な声が聞こえてくる。もう、そんな時間か。私は読みかけの文庫本を閉じると、ちゃぶ台に手をついて立ち上がった。

妹の声を追いかけるように、家のどこかからお爺ちゃんの声が響く。

「そっだ気もむな。とんでがなくても神様は逃げねぇがら」

「えー。もう広場の方にいっぱい人が来てるよ。早く行かないと場所がなくなっちゃうよ！」

「しょねぇな。んだら、姉ちゃと手ぇつないでげ。日陰さ凍ってでおっかねぇがんな」

「わかった。おねえちゃ――――ん！！」

――はいはい。

私はコートを羽織ると、二つのマフラーを手に玄関へと歩いていく。思った通り、玄関でまだかまだかとパタパタしている妹は、見るからに寒そうな薄着だった。この豪雪地帯でそんな薄着だと風邪を引いちゃう。

「ほら、ばんざーいして。マフラーもちゃんと巻いて」

「綺麗なうわっぱり着せでもらって、めげぇごど。ほら、これたがってげ」

妹にダウンジャケットを着せてい

ると、お爺ちゃんがお団子を刺した竹棒を差し出してきた。

「おジイちゃん、これはー?」

「サイノカミの火で焼いだ餅や団子食うど、今年一年病気になんねぇだぞ」

「お団子!」

ちょっとばかり食いしん坊なところがある妹は、竹棒を手に目をキラキラさせている。確かこの子がサイノカミを見るのって、これが初めてよね?

「はやく行こ、お姉ちゃん! 団子を焼くなら、いちばん前をとらなきゃ!!」

私だって、久し振りのサイノカミを楽しみにしていた。大好きな妹と二人で見られるなら、わざわざ東京からやって来た甲斐があるというものだ。

「それじゃ、行ってきまーす」

「いってきまーす!」

そして、私たちは雪の世界へと足を踏み出した。遠くからパチパチと燃え木が爆ぜる音が聞こえてくる。空を見上げれば、まるで入道雲のように真っ白な煙が立ち上っている。

今年の豊凶占いも、どうやら『吉』と出そうな感じがした。

松明あかし（福島県須賀川市）

文／阿羅本景
イラスト／田無小平

巨大な松明を若衆が担ぎ、街を練り歩きながら会場の五老山を目指す松明行列の様子（写真提供：須賀川市観光交流課）

松明あかしの由来 二階堂氏の物語

須賀川《すかがわ》市は福島県の中通り中部にある市である。須賀川は奥州街道の宿場町として古くから栄えており、この地には独自の町人文化が花開いた。戊辰《ぼしん》戦争時には市内各所が戦火に巻き込まれた為に大きな打撃を受けたが、明治・大正期には復興し、今日に至っている。

市の特色のある名物としては、ウルトラマンの生みの親である「特撮の神様」円谷英二《つぶらやえいじ》がこの地の出身者であることから生まれた円谷英二ミュージアムや須賀川特撮アーカイブセンターといった特撮の歴史や技術に関する施設が挙げられる。

そんな須賀川の伝統行事である「松明あかし」は、闇夜の中に壮大な炎を灯す祭事である。

須賀川の松明あかしの起源のひとつに、今から約430年前の戦国時代に起こった、この地の落城譚《らくじょうたん》によるものがある。当時、須賀川の地を治めていたのは鎌倉時代以来の名族 二階堂氏である。須賀川領をめぐって周辺勢力と対立していた二階堂氏は、伊達《だて》氏と婚姻関係を結ぶことで会津の蘆名《あしな》氏や常陸国《ひたちのくに》の佐竹氏に対抗していた。

ところが永禄9年（1566年）に伊達氏と蘆名氏が講和。後ろ盾を失った二階堂氏は蘆名氏と和睦し、当主二階堂盛義の息子である盛隆を人質として会津に送った。天正2年（1574年）に蘆名盛興《あしなもりおき》が亡くなると、跡継ぎ不在のためにこの盛隆が蘆名氏の当主として迎え入れられた。

これにより、蘆名氏と二階堂氏の関係は一層強固なものとなった。さらに天正8年（1580年）には二階堂氏と佐竹氏にも友好関係が築かれ、これ以降、二階堂・蘆名・佐竹の三氏は協力関係を結ぶこととなる。

伊達政宗との戦いで亡くなった者を弔う

天正12年（1584年）、蘆名盛隆の暗殺から端を発した後継者問題の末、蘆名氏は佐竹氏より婿《むこ》入りした義広が当主となる。これにより蘆名氏と伊達氏との間に決定的な対立が生まれ、ついに伊達氏の当主 政宗と蘆名義広は天正17年（1589年）6月に摺上原《すりあげはら》の地で激突。この決戦に勝利した伊達政宗は蘆名氏を滅ぼし、東北に覇を唱えることになった。

そして、蘆名氏を滅ぼした勢いのままに須賀川を支配しようと、同年9月には二階堂氏家臣内に離反工作を仕掛けるなどの策略を巡らせていた。

盛義亡き後、二階堂氏には後継者が無く、須賀川の地を治めるのは盛義の正妻である大乗院であった。この大乗院は出家前の名を阿南姫《おなんひめ》といい、その生まれは伊達晴宗の長女、つまり伊達政宗の父方の伯母にあたる血縁者であったのだ。

かつての伊達氏と二階堂氏の友好時代に、須賀川の地へ嫁いできた大乗院。この関係から、須賀川の地を狙う甥《おい》政宗に恭順するのか、あるいは厳しい決戦を選ぶのか、二階堂家中は大いに揺れることになった。だが大乗院は我が子が当主となった蘆名氏を滅ぼした政宗への反感などから、徹底抗戦を宣言。家臣団は大乗院と須賀川城に立て籠もっての討ち死にを覚悟することになった。

伊達政宗は、ついに天正17年10月に須賀川に侵攻を開始。大乗院は領内の十日山に家臣や町民を集めて政宗への抗戦を周知させ、ついに伊達氏対二階堂氏の決戦が始まったのであった。

二階堂氏は必死の抵抗をするものの、蘆名氏を滅ぼし勢いに乗る伊達氏の軍勢を防ぎきれず籠城に追い込まれた。さらに二階堂陣営内の内応者により須賀川町が放火されて炎に包まれ、ついには落城し二階堂氏は滅亡したのであった。

二階堂氏の多くの家臣は城と運命を共にし、大乗院も自害を試みたものの、残った家臣の説得により城外に脱出。政宗に敵対する佐竹氏の元に身を寄せることになる。

その後、大乗院は関ヶ原の戦い後の佐竹氏の国替えに伴い、常陸から秋田に向かう途中に病に倒れ、須賀川の長禄寺でその生涯を閉じたのであった。

須賀川の住民にとって、血縁の好に頼らず二階堂氏に殉じた大乗院の決意や、城を枕に討ち死にした家臣団の壮烈さは大きな感銘を残すものであった。

江戸時代になり、この戦いで亡くなった人々を弔うため、旧暦10月10月になると「炬火《きょか》」を投げ合う行事が行われていたが、今では鎮魂と祭りを継承してきた先人への感謝の思いを込めて、五老山《ごろうざん》で松明に火を灯している。

20本もの巨大松明に御神火が灯される

須賀川の松明あかしは、かつて旧暦の10月10日にあたる11月10日に行われていたが、昭和60年（1985年）からは天候に関わらず11月の第2土曜日が開催日となっている。

松明あかしの祭事で燃やされる松明はカヤの葉を束ねて作られるが、そのサイズは全長15m、円周5m、重量3トンにもなる。これはもはや「可燃性の巨柱」とでもいうべき、灯火用具としての松明の常識からはずれた代物である。

二階堂神社にて松明に点ける御神火を奉授した御神火隊（写真提供：公益財団法人 福島県観光物産交流協会）

立ち並ぶ大松明が燃え盛る様子。秋の夜空を焦がす圧巻の光景だ（写真提供：須賀川市観光交流課）

このような巨大松明が20本ほど用意され、須賀川の中心地である松明通りからの市内の翠ヶ丘《みどりがおか》公園内にある五老山へ、約150人の若衆によって1時間半かけて運ばれ、立てて据え付けられる。その様は打ち上げを待つロケットめいた雰囲気がある。立ち並ぶ五老山の松明は、祭事の開始となる夜を待つ。

かつての須賀川城跡にある二階堂神社にて、夜分に御神火の奉授が行われ、その炎は若衆によって市内を一巡して五老山に運ばれる。

そして、伝統芸能である松明太鼓が打ち鳴らされる中で巨大松明に次々と御神火が灯される。真っ暗な夜空をバックに轟々と燃え上がる松明は、日本の三大火祭りの名に恥じない強烈な存在感を放つ。そんな火力の松明を20本も同時に炎上させるのであるから、五老山は全山が炎上したような壮絶な光景となる。

仕掛け松明によって炎上する須賀川城の姿が再現され、闇夜を焼くすさまじい炎と朗々たる太鼓の共演が、かつての悲壮な戦いによって失われた魂を静める、この地に代々続く壮大な鎮魂の儀式なのである。

開催時期	毎年11月第2土曜日
開催場所	福島県須賀川市翠ヶ丘公園
見学の可否	可
一般参加の可否	可（松明行列の担ぎ手として）
交通アクセス	【公共交通】JR東北本線 須賀川駅より徒歩で約15分 【車】東北自動車道 須賀川ICから県道54号を経由して約3km(約5分)
お問い合わせ	須賀川市観光交流課 (TEL:0248-88-9144)

「おりゃー！　撮って撮ってー！」

「うわ、ちょっと危なくない？　火の粉で髪焦げない!?」

　松明太鼓の調べと枯草の燃えるばちばちという音が混じり合う中、少女たちは声高に声を掛け合う。

　塔のような松明が乾いた立冬の乾いた空を焦がす、須賀川の松明あかし。五老山山頂は祭事のクライマックスを迎えていた。

　スマートフォンを構えた美奈は、友達の翔子の無邪気なはしゃぎ様へ、心配した顔をする。

「この辺はまだ大丈夫だよー！　ってあち！」

「いわんこっちゃない。あー、松明が明るすぎて顔真っ暗になってるー」

　スマートフォンの液晶を向けた美奈に、翔子がおかしそうに笑う。

　髪を払った翔子は、美奈に並ぶ
「美奈はこのお祭り、初めて見るのよね？」

「育ったのは北関東だしね私。で、この祭は死んだ戦国時代のお姫様を偲ぶモノだ、って聞いたんだけど」

「阿南姫《おなみひめ》は死んでないよ!?　あ、死んじゃった三千代《みちよ》姫の話もあるけど、それとごっちゃになってる？」

　手を振って話す美奈に、翔子は苦笑いをする。

「なんかココってお姫様に厳しくない？　それはともかく、もっとこうし

んみりした、鎮魂のお祭りじゃないか、って思ってたのよ」

　天辺に点けられた火が、巨大な松明を割り下りながら燃える様を見つめて、翔子は語る。

「いざ実物を見てみると、コントロールされた山火事っていうかロケットの打ち上げ現場っていうか……」

　友達の感想に、けらけらと翔子は口を開けて笑う。

「よそ様から奇祭って言われるけど、祭は派手じゃないと盛り上がらないもんねぇ！」

　翔子は腰に手を当て、朗らかに笑いながら炎に灼《や》ける夜空を見上げる。笑顔が炎で紅く映える。

「なにしろ日本の三大火祭ですから、松明あかしは！」

「それネットで調べたら――」

「はっはっは、別に全日本火祭協会があって決めてるわけでもなし、この大松明を見て、そうじゃないと言えるもんかい！」

　自信満々の友人に、翔子は頷いて笑う。

「うんそう思う。これは――すごいお祭りだものね」

とらこ

初めまして。とらこと申します。この度「沢田ろうそくまつり」のイラストを描かせて頂きました。普段は見る事が出来ない沢山のろうそくに囲まれたお祭りで、神秘的で美しい様子が少しでも魅力的に伝わるよう、想いを込めながらうろうそくの火を灯させて頂きました。

ハナモト

「上郷の小正月行事」のイラストを担当させて頂いたハナモトと申します。独特ながら地域の方々の温かみのあるこの催しに、より多くの方に興味を持って頂く一助になれば幸いです。他に代え難い貴重な伝統行事がこれからも続いていくことをお祈りしています。

平沢よう

「大東大原水かけ祭り」のイラストを担当した、平沢ようと申します。真冬の東北で裸の男たちに冷水を浴びせ倒す、すさまじいまでの（なかばヤケクソな）迫力、その活気のひと欠片でも描けていたら幸いです。来年は現地に観に行きたいですね。

ふそう

はじめまして、「仙台七夕まつり」と「西馬音内盆踊り」のイラストを担当したふそうです。両方とも知らなかった特徴や雰囲気があり、自分も祭りを見に行きたいなぁと思いながら、イラストにも祭りごとの趣や特徴を感じられるように描かせていただきました。

マキオ

「アンバサン」のイラストを描かせていただきました。参加者の方の子供のような無邪気な笑顔が忘れられません。日本の伝統文化や神事について調べるのが好きなので、今回の企画にはとても楽しく参加させていただきました。

松谷《まつたに》

廃止となって久しいものの、かつて私の実家の近くでも塞《さい》の神が催されておりました。雪の中で火の熱を顔に浴び、寒いやら熱いやらの不思議な思いをしたものです。焼いたするめは家に持ち帰る頃には冷めかけていましたが、祭の特別感で美味しく頂きました。

むらかわみちお

昔読んだ本に「祭りとは古来よりコミュニティ全員が参加するもので、観客なるものは存在しなかった」とありました。自分は根無し草で、祭りに参加する縁のない存在のため、小さくてもその土地に住まう人に受け継がれる祭りに憧れと敬意を深く感じます。

村山慶

イラストを担当させて頂いた「八戸騎馬打毬」も「六郷のカマクラ・竹うち」も地域色の濃いところでしかできないような激しい部分のあるユニークな祭事で、これをきっかけに興味を持っていただけると嬉しいですね。

むーぴょん

「天狗の火渡り」の絵を担当させていただきましたむーぴょんです。九州に住んでいる身としては初めて見るお祭りでしたが、生で見る迫力は凄いんだろうなと想像しながら描きました。お祭りの迫力とキャラのほのぼのとした雰囲気の差異を感じてもらえれば幸いです。

山本七式

お祭りをテーマとしたご依頼、しかしこのテーマは私には難しすぎる…そこで漫画家の柏原麻実（お祭り好き）を助っ人に！　二人で構想を練り、作画は七式が担当。「チャグチャグ馬コ」は作画の物量に苦労しましたが、その魅力が伝われば幸いです！

れつまる

「加勢鳥」と「相馬野馬追」のイラストを描かせて頂いたれつまると申します。僕は九州在住なので北のお祭りは馴染みがないのですが、加勢鳥は大変奇抜で相馬野馬追は勇ましく、描いてて大変面白かったです、皆さんにも絵を通じてこの面白さが伝わればと思います！

C-SHOW

「お山参詣」のイラストを担当させていただきましたC-SHOWです。列になって練り歩く人々を描くのが思いのほかたいへんでしたが、和装の女の子は久しぶりだったのもあって、楽しく描くことができました。またお誘いくださいませ♪

flick

flickと申します。この度は大変貴重な誌面にイラストを描かせていただき誠にありがとうございます。私自身、地元で長年祭りに参加しており、太鼓や笛の音は身体に刻み込まれ、聴くと心がわき踊るタイプであります。祭りの伝統、大事に残していきたいですね。

ToKa

有名な「なまはげ」と空になびく幡が綺麗な「木幡の幡祭り」を描かせていただきました。色んな祭りも知れて楽しかったです！

5th COIN

お初にお目にかかります。5th COINと申します。いつもはゲーム会社にてコンセプトアート／メカ／キャラなんかを描いています。今回二つのお祭りを描かせて頂きましたがどちらも可愛く描けました。いつか現地にも行ってみたいですね。

FROM

WRITERS and ILLUSTRATORS

有馬桓次郎《あるまかんじろう》

最後の最後まで波乱万丈で、企画原案としても気の抜けない日々でした……。最後に本書へご寄稿いただいた作家、イラストレーターの皆様、そしてご協力いただいた各地の催事関係者の皆様には、この場をお借りして篤く御礼申し上げます。ありがとうございました。

阿羅本景《あらもとけい》

どうも、阿羅本景と申します。こちらの本では「陸前高田のけんか七夕」他の原稿を担当させていただきました。東北地方の祭礼は壮麗で不思議なものが多々あり、調べている間にも驚くことがありました。縁あれば直に観光したいなぁと思っております。

岩田和義／寺田とものり
（共にTEAS事務所）

初めまして、解説パートを執筆した岩田和義です。東北に地方色豊かな祭りや伝統芸能が多いのは知っていましたが、今回の執筆を通じ、改めてその多彩さに驚かされました。ノベル担当の寺田とものり共々、この興奮が皆さんに伝わることを願っています。

梧桐 彰《ごとうあきら》

本書のご購入ありがとうございます。普段は素手でクマを倒す話ばっかりしている道産子ですが、今回は祭礼について執筆しました。人文地理学を専攻していた頃のノウハウが結構役に立ちまして、人生いろんなことがあるもんだなあと思っております。

氷上慧一《ひかみけいいち》

六つのお祭りで文章を担当しました、ラノベ作家の氷上慧一と申します。今回は祭りの紹介記事がメインということで、普段との違いを色々楽しみながら執筆させていただきました。読んでいただいた皆様、許諾いただいた各地の主催者様、ありがとうございました！

ひびき遊

今回たまたま声を掛けていただいた、ライトノベル作家のひびきです。「イラスト先行でのノベル執筆」「お祭りの紹介がメイン」という作業のため、もっとはっちゃけたかった（笑）というのが本音です。次も参加できましたら、より攻めてみますね！

いとどめ

作画を担当した「帆手祭」の神輿の細かいデザインは骨が折れましたが、意匠の美しさに心を打たれました。

井波ハトコ

井波ハトコと申します。私自身東北出身ということもあり、秋田の民俗芸能は学ぶべきと思い、様々な資料を参考に今回「大日堂舞楽」の鳥舞を描かせて頂きました。大日堂の造形もとても素晴らしいので、ぜひ現地に足を運んで鳥舞を観に行ってみて欲しいです。

宇野草壁

「オシラサマ」を題材に選んではみたものの、外部の人に見せるような行事ではないらしく、改めて民俗に関する資料を集めなおしたり、地元民との接点ありきでないと話ができないかもしれないと、勝手な物語でいいものかと悩みました。

海産物

お祭りを知るとその土地の歴史や文化が見えて、描くだけでもとても楽しかったです。続編が出たらカエルのお祭りを！ カエルが出るお祭りを！ カエルを崇めよ！

木志田《きのした》コテツ

日本のお祭りは実に多種多様で、それらが有名無名問わず地域の人々の大切なつながりとして引き継がれているのがとても興味深く、絵という形で関わらせて頂きとても光栄でした。…あッ！ ポスター案件お気軽にお問合せ頂ければ幸いです！　馬描けます！

桐沢十三

秋田市は漫画家仲間の地元で、親近感のある土地です。竿燈まつりは昔からある町内のチームだけでなく、企業や学校のつながりでたくさんの人が参加する活気のあるお祭りだと、その彼女から度々聞かされてきました。今回その祭りを描けて嬉しかったです！

高菜しんの

漫画家の高菜しんのです。「鬼剣舞」の絵を描くにあたって資料のために調べると、面の画像や動画が色々な人によって沢山上がっており、映えそうな絵作りで大変参考になりました。もっと知って欲しいというのが伝わりましたねぇ。

田無小平《たなしこだいら》

田無小平と申します。このたび「横手のかまくら」と「松明あかし」のイラストを担当させていただきました。横手のかまくらは落ち着いた幻想的な雪の光が、松明あかしは大迫力で燃え盛る炎の光がそれぞれ印象的で、ぜひ直接ご覧いただきたいイベントです！

企画原案　有馬桓次郎
装丁・デザイン　村上千津子
編集　野地信吉

和祭巡礼画報
イラストで見る日本の祭りと伝統行事
北海道・東北編

2024年6月20日発行

発行人　山手章弘
発行所　イカロス出版株式会社
〒101-0051 東京都千代田区神田神保町1-105
contact@ikaros.jp（内容に関するお問合せ）
sales@ikaros.co.jp（乱丁・落丁、書店・取次様からのお問合せ）
印刷・製本　株式会社シナノパブリッシングプレス

Printed in Japan　ISBN 978-4-8022-1440-7